KB209031

그저 인간이 되고 싶었다

중국 역사를 바꾼
근대 4대 고승 1

그저
인간이 되고 싶었다

홍일 대사 지음
전영숙 옮김

**마음 없는 시대에
참사람이 되고자 한
홍일 대사의 사유록**

불광출판사

차
례

시 작 하 는 글　●　중국 불교 역사를 뒤바꾼

홍일 대사의 치열했던 삶의 기록 8

제1부　　　　　　●　자유로운 예술가에서 중국 근대

숙명의 객체에서　　　4대 고승이 되기까지 22

운명의 주체로　　　　삶을 바꾼 단식 – 20일의 기록 29

제2부　　　　　　　●　새로워진다는 것에 대하여 62

부끄럽지 않은　　　　걸림 없는 삶에 놓인 아홉 가지 장애물 65

사람이 되기를　　　　스스로를 단단하게 하는 일 70

소망하다　　　　　　소원성취의 비결 75

　　　　　　　　　　죽음 앞에 당당하라 81

　　　　　　　　　　청년 불자가 주의해야 할 일 86

　　　　　　　　　　안거의 규칙 96

　　　　　　　　　　죽음을 맞이하는 자세 100

　　　　　　　　　　최후의 참회 108

제3부
그대는
무엇으로
삶을 마주하는가?

불법은 가장 현묘한 철학이다 126

불법의 세계, 불법의 갈래 129

정토종을 묻고 답하다 136

인과법과 보리심 146

대보리심과 독송 152

정토종과 『지장경』 156

율종의 역사 162

계율에 대한 열 가지 물음 170

『도계석상개략』을 말함 183

약사여래에 관하여 201

약사법문 의례에 대해 206

옮긴이의 글

계율의 딱딱함을 부드러움으로 녹여낸
홍일 대사 222

일러두기

---

* 모든 각주는 옮긴이가 보충 설명한 것이다.

* 중국어는 외래어 표기법에 준해 표기하였다. (천진天津 → 톈진, 복건福建 → 푸젠)

* 제1부에 실린 '단식일지'는 홍일 대사의 오랜 벗 도신보 거사가 홍일 대사에게 직접 받은 것이다. 문장 사이사이에 끊김이 있고 간혹 어떤 글자는 판독이 어려울 만큼 흐릿하여 중국 편집부에서 도 거사에게 부탁드려 부족한 부분을 보충하고 문장을 바로잡아 이 글을 내기에 이르렀다. 이 자료가 훗날 홍일 대사와 단식을 하려는 사람들에게 작은 도움이 되었으면 하는 바람에서 본문에 싣는다.

이 책은·저자의 세심한 배려를 엿볼 수 있
다. 출가수행자의 롤모델인 홍일 대사는 수행자가 지녀야 할 정체
성과 진정성을 유감없이 보여 준다. 홍일 대사는 출가 전 음악과
미술에 모든 열정을 바쳤듯이 불교에 귀의한 뒤에도 그의 삶 전부
를 바쳤다. 서른아홉, 출가하기에 늦은 나이에도 불구하고 엄격한
계율을 철저히 준수했을 뿐만 아니라 남산 율종의 문헌을 완벽히
정리한 업적은 가히 독보적이다. 특히 현대사회에 살고 있는 우리
출가자들에게 모범이 되는 진중한 수행자를 보는 것 같다. 홍일 대
사의 삶을 보고 있자니 가슴에 생생한 감동이 우러난다.

중앙승가대학교 교학처장, 금산사 주지 성우

중국 불교 역사를 뒤바꾼 홍일 대사의 치열했던 삶의 기록

홍일 대사(1880~1942)의 속명은 이식李息이고 학명學名은 문도文濤이다. 자는 숙동叔同, 식상息霜이며 호는 수통漱筒, 연음演音 등을 사용했다. 원적原籍은 저장성浙江省 평호平湖이다.

청나라 광서光緖 6년(1880년) 9월 20일 톈진天津시 하동河東 지장암地藏庵[01]에서 관리를 역임한 거상 집안에서 태어났다. 아명은 성혜成蹊로 『사기』에 나오는 "복숭아, 배나무 아래는 말하지 않아도 저절로 지름길이 생긴다[桃李不言, 下自成蹊]."에서 따왔다. 법호는 홍일弘一이며 세상 사람들은 그를 "홍일 대사"라고 불렀다.

---

01 오늘날 톈진시 하동북구河東北區 양점가糧店街 육가坐家이다.

시대적 불의에 항거한 예술가

그가 태어난 1880년에 부친 이소루李筱樓는 이미 68세였고, 어머니는 스무 살을 막 넘긴 젊은 여성이었다. 부친은 과거에 급제하여 이부주사吏部主事를 역임하고, 훗날 스스로 관직에서 물러나 소금판매업과 전장錢莊을 경영하여 엄청난 재물을 모아 톈진의 대표적 부호가 된 사람이다. 1884년 부친이 세상을 떠났다. 이숙동의 나이 5세였다. 하지만 그는 어릴 때부터 총명하여 13세에 전서篆書를 알았고, 15세에는 시를 지을 줄 알았으며, 17세에는 인장에도 조예가 깊었다. 18세에 차상茶商 유兪씨의 딸과 결혼해서 아들 둘을 낳았다. 사춘기가 한창이던 15세 무렵 이숙동은 이복형들의 부도덕한 행위와 신분 차별의식에 항의하는 엉뚱한 행동을 많이 했다. 그러면서 점차 사회변혁 운동에 관심을 보인다. 또한 그는 인간에 대한 불신과 실망감에 대리만족하듯 고양이에 집착하기도 했다.

1899년 캉유웨이康有爲와 량치차오梁啓超가 주도했던 무술정변이 실패로 돌아간 후 조정에서 관련자를 색출하던 중 이숙동이 그들과 함께했었다는 진술이 나왔다. 이에 위험을 느낀 이숙동은 어머니와 가족을 이끌고 남하하여 상하이上海로 피신했고, 얼마 지나지 않아 상하이 문인 모임인 성남문사城南文社에 가입하여 활동했다.

22세에는 남양공학南洋公學에 입학했고, 그곳에서 차이위안

페이蔡元培[02]를 만나 사사했다. 방과 후에는 경극 연출 활동과 학회 모임 활동을 하면서 '조국가祖國歌'를 작곡하였으며 『국학창가집國學唱歌集』을 엮기도 했다.

광서 32년(1906년) 나라를 구하겠다는 굳은 결심으로 일본 유학길에 올랐다. 일본 도착 후 동경미술전과학교東京美術專科學校에서 유화를 주전공으로 공부하는 한편 피아노도 배웠다.

동시에 그는 재일본 중국인 유학생 잡지《성사醒獅》에 틈틈이 문장을 발표하고 문학예술 모임인 '수구음사隨鷗吟社'에 가입하여 활동하기도 했다. 일본인 혼다 슈치큐本田種竹, 모리 가이난森槐南, 쿠사카베 메이카쿠日下部鳴鶴 등과도 활발히 교류했다. 수업 외에는 연극에 큰 관심을 보여 유학생들 연극단체인 '춘류극사春柳劇社'를 조직했다. 학업 기간 동안 그는 구로다 세키黑田淸輝 교수가 이끄는 미술 단체인 '백마회白馬會' 활동에 참가하면서 서양 인상파 화풍에 매료되었고, 1909년 봄과 1910년 봄 두 차례에 걸쳐 전시회에 작품을 출품했다. 뿐만 아니라 그는 음악 기간지인《음악소잡지音樂小雜誌》를 창간하고 자신이 작곡한 곡도 다수 발표했다. 1906년 10월 4일 일본에서 발행된《국민신문보國民新聞報》에

---

02 채원배(1868~1940) : 근대 중국의 대표적 교육자로 독일 유학 경험이 있으며 미적美的 정신 육성을 통한 인격 형성의 중요성을 강조했다. 학문과 교육의 자유를 주장하고 군벌 정부를 비판하기도 했다. 중화민국 성립 후 초대 교육청장이 되었고, 근대 중국 학제의 기초를 세웠다. 북경대학 학장을 역임하며 5·4운동의 아버지라고 칭송받는다.

는 이숙동에 관한 취재 내용과 사진이 실려 있다. 스케치 수업에서 보여 준 그의 작품을 보면 그가 일찌감치 전통적 봉건 예법 교육의 울타리를 벗어나 중국 신문화 계몽운동의 최전선에 있었음을 짐작하게 한다.

1911년 이숙동은 유학을 마치고 귀국한다. 귀국 후 첫 번째 직장은 톈진고등공업학당이었다. 그곳에서 그는 도안 수업을 담당했다. 곧이어 상하이성동여학교로 직장을 옮겨 중문학과 음악을 가르쳤다. 다음해에는 시 모임인 '남사南社'에 가입하고 '남사' 동인들과 문학미술 단체를 조직해《문미잡지文美雜誌》주편을 맡는 한편 《태평양보太平洋報》문예부간 편집을 맡았다. 오래지 않아 항저우杭州의 저장성 제1사범학교에서 교편을 잡았으며 동시에 난징의 고등사범학교에 출강했다. 1914년 중국 미술교육 사상 최초로 인체를 사용했는데, 학생들에게 나체를 관찰하고 그리게 하여 곤욕을 치르기도 했다.

종합해 보면 그는 약 7년간 미술교육에 종사했는데 이 기간 동안 무수한 미술 인재를 길러 냈다. 화가 풍자개風子愷[03], 음악가 유질평劉質平[04] 등 출중한 문화 인물이 그의 문하에서 양성되었다.

---

03 풍자개(1898~1975) : 중국 풍자만화에 한 획을 그은 유명화가이자 산문가, 음악가, 번역가, 저술가이다.
04 유질평(1894~1978) : 음악가이자 음악교육가이다.

출가 전 이숙동은 사회 개혁에 대한 이상과 포부가 매우 컸던 사람이었다. 하지만 그가 보는 중국 사회의 모습은 그야말로 부패와 암흑이었다. 이에 그는 혼자 힘으로는 사회 모순을 해결할 수 없다는 생각에 괴로워했으며 점차 염세적이고 비관적인 생각에 젖어들었다.

미련 없이 세속을 떠나다

1918년 8월 19일 그는 항저우 호포사虎跑寺의 랴오우了惡 문하에서 출가했으며 법명을 연음演音, 법호를 홍일이라 했다. 물론 그 후에 다른 수십 개의 법호 역시 사용했다. 예를 들면 일음一音, 일상一相, 권음圈音, 입현入玄 등이 대표적이다. 1928년 홍일 대사는 태국, 싱가포르 등 동남아 일대를 돌며 불법을 드높였다. 한 곳에 오래 머무르지 않고 평생 여러 곳을 떠다녔다. 1928년 12월 초에는 상하이를 떠나 푸젠福建성 샤먼廈門 시로 가 보타사普陀寺에 머물렀다.

1929년 4월 더저우德州를 거쳐 원저우溫州로 향한다. 같은 해 10월 그는 다시 샤먼으로 건너가 근처 여러 사찰과 승려들의 초청을 받고 강연을 하였다. 특히 그는 푸젠성 취안저우泉州에 자주 머물렀고 같은 해에는 취안저우 개원사開元寺 자아원慈兒院에 머물렀는데, 이곳 어린이들을 위해서 예불용 찬불가 '삼보가三寶歌'[05]를 작곡하기도 했다.

당시 성원性願 법사께서 취안저우 승대사承大寺에서 '월대불학연구사月臺佛學研究社'를 창립했는데 홍일 대사는 경내 소장 고판본 불경을 정리하여 5집의 목록을 발간했다. 이 5집을 각각 선종부와 율종부로 구분하고 각 부를 다시 전체 내용이 완비된 것과 일부만 남아 있는 것으로 상세히 구분해 놓았으며, 현재까지 자료가 전해지고 있다. 1930년 4월에는 개원사를 떠나 장시江西성과 저장성 일대를 운수납자로 다녔다.

1932년 10월 홍일 대사는 세 번째로 푸젠성에 다시 들러 취안저우, 마카오, 푸저우福州, 장저우漳州 일대 대찰에 두루 머물렀다. 이상의 지역 중 취안저우에서 머문 시간이 가장 길다. 특히 취안저우 융춘永春의 보제사普濟寺에서는 573일을 머물렀다. 1937년에 중일전쟁이 발발하자 홍일 대사는 승속을 구분하지 않고 중국 국민들에게 용기와 지혜를 주고자 노력하였다.

1938년 10월 취안저우 승천사承天寺 승려와 신도들에게 애국, 애교愛敎 정신을 북돋우기 위하여 문장을 짓고 붓글씨로 다음과 같이 썼다. "염불 시에는 구국救國을 잊지 말고 구국 시에는 염

05 삼보가는 중국 근대 4대 고승 중의 한 사람인 태허太虛가 작사했다.

불을 잊지 말라." 이어서 홍일 대사는 문장 말미에 발문跋文을 적어 다음과 같이 말했다.

"불법이란 깨달음을 말한다. 진리를 얻은 다음으로 해야 할 일은 자신의 몸과 목숨을 버리고 일체를 희생하며 용맹정진, 호국해야 할 것이다. 이 때문에 구국을 위해서 반드시 염불이 필요하다고 하는 것이다."

이는 부처님의 말씀에 시대정신을 부여한 것이라 하겠다.

한편 1933년 10월 홍일 대사는 취안저우의 서쪽 교외에 있는 판산潘山에서 당나라 시인 한악韓偓의 묘를 발견했다. 또 1938년에는 후이안현惠安縣의 『나양문헌螺陽文獻』에서 한악이 후이안에서 지은 시를 발견했는데, 그 시는 『전당시全唐詩』에 수록되지 않은 새로운 시였다. 이에 홍일 대사는 '향렴집변위香奩集辨僞'라는 문장을 써서 한악은 단순한 풍류재자가 아닌 애국자였음을 밝혔다. 이는 한악[06]에 대한 새로운 시각을 보여 주었다는 점에서 중국 문학사의 훌륭한 업적으로 평가받고 있다.

또한 그는 진장晉江에 있는 마니교 사찰 초암草庵에 머물며 대

06 한악(844~923) : 당나라 말의 저명 시인. 소종昭宗 용기龍紀 원년(889) 진사에 급제하여, 중서사인中書舍人, 병부시랑兵符侍郎, 한림학사승지翰林學士承旨를 역임하였다. 황제 소종昭宗의 신임이 두터웠으나 주전충朱全忠의 미움을 받아 폄적되었다. 그 후 여러 차례 조정의 부름을 받았으나 벼슬에 대한 집착을 버리고 가족과 함께 중국 남쪽으로 떠나 은거하였다. 저서에 『한내한별집韓內翰別集』과 『향렴집香奩集』, 『금란밀기金鑾密記』 등이 있다.

련을 써 주었고『초암기草庵記』를 지었다. 또 주자서원朱子書院의 편액을 썼고 개원사에 주희의 문장을 이용해 대련을 썼으며, 명나라 양명학자인 이지李贄의 화상畵像에 대해 찬을 짓기도 했다. 취안저우에 남긴 홍일 대사의 문화적 자취는 오늘날 지역 사람들에게 자부심이 되고 있다.

마지막 순간까지 행한 철저한 수행

홍일 대사는 만년 10년 동안 불법을 전하고자 많은 노력을 했다. 그는 샤먼, 장저우, 안하이安海, 취안저우, 후이안, 융춘 등에 머무르며 불경 강독 활동을 했다. 당시 그가 강의했던 주요 내용은 율종, 화엄종, 정토종 및『약사경』,『아미타경』,『지장본원경』,『심경』 등과 관련된 것이었다. 또한 불교 교육기관 설립에도 관심을 기울여 취안저우 개원사의 존승원尊勝院 안에 남산불학원南山佛學苑을 세웠다. 또 1936년에는 취안저우에서 얻은 일본의 대소승경률 1만여 권을 정리하여『불학총간佛學叢刊』4책으로 만들었다. 이 자료는 상하이 세계서국世界書局에서 출판되었는데, 출판 후 푸젠성 일대 승려들의 불학 지식을 높이는 데 큰 기여를 했다. 그의 불학사상 체계는『화엄경』을 경境으로,『사분율四分律』을 행行으로, 정토를 과果로 삼고 있다.

또한 그는 당나라 도선 율조道宣律祖가 지은 '남산삼대부南山三大部', 즉『행사초行事鈔』,『계본소戒本疎』,『갈마소羯磨疎』의 방점과 교주校註 작업을 했고, 송나라 원희 율사元熙律師가 삼대부三大部를 풀이한 삼기三記, 즉『자시기資詩記』,『행종기行宗記』,『제연기濟緣記』의 방점과 교주 작업도 진행하였다. 이로써 남산 율학을 공부하려는 사람들을 위한 훌륭한 교본이 완성된 것이다. 현재 중국 불교계에서는 남산 율종을 중흥시킨 그의 업적을 기려 남산 율종의 11대 조사로 받들고 있다.

홍일 대사는 율학으로 이름이 높지만 대사 본인은 염불을 매우 중시했다. 만년에 몸이 쇠약해지면서 앞날이 많이 남지 않았음을 깨닫게 되자 힘을 다해 불법을 전파했는데 이때 사람들에게 가장 많이 권한 것이 염불이었다. 벽시계의 똑딱거리는 종소리에 의지하여 염불하는 법을 가르쳐 주었는데 처음에 '똑' 할 때에 '나무'를, '딱' 할 때에 '아미'를 염한다. 두 번째 '똑' 할 때에는 '타'를, '딱' 할 때에는 '불'을 염한다. 그의 이른바 괘종시계 똑딱 소리에 의거한 염불은 섭심과 염불의 묘법에 조금도 어긋나지 않는다.

1942년 봄 홍일 대사는 영서산靈瑞山에서 불경을 강독했다. 그리고 얼마 지나지 않아 온릉 양로원에 머물렀고 8월 18일 중추절에는 대중을 위해 법문을 하며, 함께 생활한 양로원의 노인들에게도 정토종의 핵심 내용을 강의했다. 같은 달 23일에 몸에 이상 증세를 느끼자 홍일 대사는 일체의 치료와 병문안을 거절하고 일념으로 염불에 전념했다. 27일부터는 물 이외 모든 음식을 절식했다. 본인 사후의 일처리에 대해 말했고 묘련 법사를 불러 뒷일을 책임져 달라는 부탁을 했다. 9월 1일 오후 종이 위에 "비환교집悲歡交集"이라 적어 묘련 법사에게 건네며 다음을 전달해 줄 것을 부탁했다.

"나의 임종 시 나와 함께 염불을 해 주는 사람들은 내가 눈물을 흘리는 것을 보게 되더라도 그것은 세상에 미련이 남아 그러거나 가족이 보고 싶어 흘리는 것이 아니며 비悲와 환歡이 번갈아 들면서 발생하는 현상임을 알기 바란다."

이 말을 마친 후 오직 염불에만 전념했다.

1942년 10월 13일 향년 63세. 취안저우의 온릉 양로원에서 원적하였고 7일 후 승천사에서 다비했고, 사리 1,800개와 사리덩어리 600개를 수거했다.

유골을 둘로 나누어 사리탑을 세웠는데 하나는 취안저우 청원산淸源山 미타암에, 다른 하나는 삭발 출가했던 항저우 호포 정혜사定慧寺에 안치했다. 또한 서방정토 왕생을 기념하는 기념탑을 온릉 양로원의 과화정過化亭에 세웠다. 그의 역작 『사분율비구계상표기四分律比丘戒相表記』가 출판되었다. 원적 후 국내외 승려들이 그의 유작을 모아 『남산율재가비람약편南山律在家備覽略篇』, 『율학강

론삼십삼종합정본律學講論三十三種合訂本」,「남산율원문집南山律苑文集」,『만청집晚晴集』,『만청노인강연록晚晴老人講演錄』,『홍일 대사대전집弘一大師大全集』 등을 출판했다.

　홍일 대사는 근대와 현대 중국을 통틀어 최고의 예술적 재능을 가진 승려였다. 서화, 시문, 희극, 음악, 예술, 금석, 교육 등 제 영역에 깊은 조예가 있었다. 중국의 유명한 산문가 임어당林語堂은 그를 중국 최고의 예술 천재 중 한 명이라고 칭한 바 있다. 염업과 은행업을 했던 톈진의 부호 아들로 경제적으로 매우 풍족한 환경에서 성장한 그는 중국인 아내와 일본 유학 시 하숙집 주인의 딸이었던 일본인 아내가 있었다. 또한 그는 대학 교수로 뛰어난 제자들을 많이 배출했다. 그러나 그는 이 모든 것을 버리고, 심지어 지녔던 개인 물품까지 동료 교수와 제자들에게 모두 나눠 주고 자신은 몇 벌의 옷만 챙겨 출가했으며, 불교 종파 중 수행을 가장 중시하는 율종의 대표적 인물이 되어 출가 이후 마지막 순간까지 철저히 수행에만 전념했다. 출가한 후 그는 단 한 번도 주지나 방장과 같은 보직을 맡지 않고 자기 수행에 철저했던 위대한 고승 대덕이었다.

弘一大师

1

숙명의 객체에서
운명의 주체로

자유로운 예술가에서
중국 근대 4대 고승이 되기까지

항저우는 중국에서 대표적인 불교의 땅이다. 항저우에는 절이 약 2천여 곳이 되니 불법이 성한 곳이라고 할 만하다. 근래 출판사 월풍사越風社에서 잡지 《서호西湖》를 증간한다는 소식을 황黃 거사에게 들었다. 황 거사는 나에게 서호[01]와 불교와의 인연에 대한 글을 써 달라고 요청했다. 요청을 받고 곰곰이 생각해 보니 주제가 너무 거창하고, 참고할 만한 책도 없어서 단기간에 해낼 수 있는 일은 아닌 것 같았다. 결국 나는 서호가街에 살 때의 일을 떠오르는 대로 정리하고자 마음먹었다. 이것은 내가 출가의 길에 오르게 된 경위를 살펴보는 일이기도 하다.

01 중국 10대 명승지 가운데 하나로 항저우에 위치한 인공호수다. 남송 시대 항저우가 성도가 된 이후 서호 부근에는 관료와 부호가 운집했고, 많은 문인의 시와 그림의 소재가 되었다.

인생을 바꾼 작은 계기

내가 항저우에 첫 발을 디딘 것은 1902년 음력 7월이었다. 당시 약 한 달 정도 머물렀지만 절에는 한 번도 들어가 보지 않았다. 그때를 떠올리면 한 번 용금문涌金門 밖에 나가 차를 마셨던 일이 기억날 뿐이다.

두 번째로 항저우에 간 것은 1911년 7월이었다. 그때는 거의 10년을 머물렀다. 당시 내 숙소는 전당강錢塘江 전당문 안에 있었기 때문에 서호와 아주 가까웠다. 겨우 2리 정도 되는 거리였다. 전당문 밖 서호변에 작은 찻집이 하나 있었는데 찻집 이름은 경춘원景春園이었다. 나는 자주 홀로 그 찻집을 찾곤 했다. 작은 찻집 경춘원은 2층으로 되어 있었는데 아래층은 서호 유람선의 노를 젓거나 가마를 드는 인부들이 많았다. 하지만 2층에는 항상 나밖에 없었다. 그래서 늘 차를 마시며 찻집 난간에 기대어 서호의 풍경을 만끽했다. 찻집 근처에는 그 이름도 유명한 대찰 '소경사昭慶寺'가 있었다. 나는 차를 마신 후 늘 자연스럽게 그곳에 가곤 했다.

민국 초 서호의 분위기는 지금과 사뭇 달랐다. 당시 서호에는 성벽이 그대로 있었고 버드나무가 가득 드리워져 있었다. 정말 아름다운 풍경이었다. 봄가을 향회香會가 있던 날을 제외하면 서호변은 늘 행인이 없어 고요했고 전당문 밖은 적막한 느낌마저 들었다.

1912년 여름 나는 서호의 광화사廣化寺 경내에 며칠 머물렀다. 하지만 숙소는 출가자가 사는 곳이 아닌 광화사 옆이었다. 예전에 천연두 신을 모시던 두신사痘神祀 2층이었다. 당시 두신사는 광화사에서 운영하던 재가신도 수행자들의 전용 숙소였다. 나는 거기에 머무는 동안 가끔씩 출가자들이 지내는 곳에 가보곤 했는데 갈 때마다 이상하게 마음이 편안해지곤 했다. 배를 타고 호심정湖心亭까지 가서 차를 마셨던 그때가 지금도 눈에 선하다.

한번은 근무하던 학교에 명사 초청 강연이 있었다. 나와 하면 존夏丏尊 거사는 이때를 틈타 학교 교문을 나와 망중한을 즐기기로 했다. 우리는 호심정에 가서 차를 즐기기로 했다. 그날 하면존 거사는 나에게 말했다. "우리처럼 이름난 사찰을 피해 다니는 사람들은 출가해서 스님이나 되는 게 맞는 거겠죠?" 물론 그는 농담 삼아 이런 말을 했지만 나는 정말 흥미를 느꼈다. 실제로 하 거사의 말은 내가 출가를 하게 된 작은 계기가 되었다.

스님의 생활

1916년 여름 일본 잡지에서 단식이 각종 질병 치료에 도움이 된다는 글을 읽고 큰 호기심을 느꼈다. 그때 나는 신경쇠약증을 앓고 있었는데 단식을 하면 혹시 효험을 볼 수도 있지 않을까 하는 기대가 들었다. 하지만 단식은 추운 계절에 하는 것이 좋을 것 같아서

11월까지 기다렸다. 이것저것 준비를 하다가 마침내 단식하기에 알맞은 장소를 골라야 한다는 데에 생각이 미쳤다. 무엇보다 단식을 할 장소는 고요하고 그윽한 분위기여야 할 것 같았다.

당시 나는 이 문제를 섭품삼葉品三[02]과 의논했다. 그는 서호 근처에 있는 호포사가 단식하기에 적합한 장소라고 했다. 나는 "호포사에는 아는 이가 없습니다. 도대체 누구를 통하면 되겠습니까?"라고 물었다. 그러자 그는 "정보지丁輔之[03]라는 자가 있는데 호포사와 잘 통하는 분이니 소개를 받아 보십시오."라며 나에게 정보지를 소개해 주었다.

이전의 호포사는 지금처럼 관광객이 많지 않았고, 고요하고 인적이 드문 곳이었으므로 단식을 하기에는 최적의 장소였다. 하지만 11월이 될 때까지도 나는 그곳에 가 보지는 못했다. 하는 수 없이 사람을 시켜 호포사에서 가장 적합한 방을 알아보게 했다. 심부름 보낸 사람이 돌아와서 말하기를, 방장이 머무는 곳 바로 아래층 방이 가장 좋겠다고 했다. 호포사에는 방이 많았지만 당시에는 대부분의 방이 사용하지 않고 닫혀 있었기 때문에 일반 손님이 함

---

02 본명은 섭위명葉爲銘(1866~1948) 호는 엽주葉舟다. 안휘성 휘주 사람으로 저장성 항저우에 오래 살았다. 박학다식하고 전각에 뛰어났으며 금석학에 정통했다. 1904년 정보지丁輔之, 왕복암王福庵, 오은吳隱 등과 항저우에서 '서령인사西泠印社'를 설립했다.

03 본명은 정인우丁仁友(1879~1949)였으나 후에 정인丁仁으로 개명하였다. 자는 보지輔之로 전각가, 서화가, 섭위명 등과 함께 서령인사를 설립하였다.

부로 들어갈 수 없었다. 더구나 방장이 머무는 곳 위층에는 모두 출가자만 살고 있었다.

11월 말에 나는 호포사로 갔다. 방에 묶는 동안 출가자 한 분이 종종 창문 앞으로 지나가는 것을 보았다. 그분이 바로 내 위층에 사는 방장이었다. 그는 나를 볼 때마다 기뻐하며 환하게 웃었다. 나는 수시로 그와 이야기를 나누었다. 어떤 날은 방장이 나에게 불경을 가져다주었다.

사실 나는 다섯 살 때부터 출가자를 만날 기회가 많았다. 출가자들이 자주 우리집에 와서 염불도 하고 참회 의식도 해 주었다. 열두세 살 되었을 때에는 아귀에게 보시하는 의식을 보고 배운 적도 있었으나 도가 높은 출가자와 같이 있어본 적은 없었다. 더구나 사찰 경내에서 그들이 무엇을 하는지, 승려의 생활은 어떤 것인지 전혀 몰랐다.

그런데 단식을 하기 위해 호포사에 머무르면서 그들의 생활을 직접 눈으로 보니 승려의 생활이 무척 흥미로웠고 점점 그들의 삶이 부러워지기 시작했다. 비록 내가 그곳에 있던 시간은 약 반달 정도밖에 안 되었으나 머무르는 동안 마음이 얼마나 즐거웠는지 모른다. 또한 승려들이 먹는 채식도 정말 맛있었다. 학교로 돌아와 다시 근무할 때도 가정부에게 사찰에서 먹었던 음식과 동일한 방식으로 음식을 하게 주문했다.

겨울에는『보현행원품』,『능엄경』,『대승기신론』등 많은 불경을 구해 읽었다. 방 안에는 지장보살, 관세음보살 등 불상을 모셔 두었고 이때부터 매일 향을 피웠다.

결심

그해 겨울방학, 나는 고향으로 가는 대신 호포사에 가서 세밑을 보냈다. 나는 여전히 방장의 처소 아래에 있는 그 방에 거처했다. 이때 불교에 대해 더 큰 흥미가 생겼고, 나는 비로소 출가했다. 나는 곧 위층에 사는 방장스님에게 스승이 되어 줄 것을 부탁드렸다.

그 스님이 바로 홍상弘詳 법사였다. 홍상 법사는 당신이 나의 스승이 되는 것을 수락하지 않으셨다. 대신 호국사에 거처하고 있는 그의 스승을 소개해 주셨다. 그의 스승에게 호포사로 와 주시기를 청했고 나는 마침내 1917년 정월 15일에 불교에 귀의하게 되었다. 나는 절에서 1년 동안 승려 예비 연습을 마친 뒤, 여름쯤 출가하기로 마음먹었다. 다음 해 5월이 되어 학생들 시험을 일찍 치른 후 호포사에 들어왔다. 절에 도착하고 하루 지난 뒤에 승복을 입었고, 다음 해 출가를 준비했다.

7월 초 하면존 거사가 절에 들렀다. 그는 승복은 입었으되 아직 출가는 하지 않은 나를 보고 "절에 들어와 승복까지 입었는데 출가를 하지 않는 것은 의미가 없으니 바로 머리를 깎아 버리세요."라고 말했다. 물론 이 말은 승려 흉내를 내는 내 모습이 못마땅해서 한 말이었다.

본래 나는 이듬해에 출가를 하려고 했으나 하 거사의 제안을 듣고 바로 출가를 해 버렸다. 7월 13일은 대세지보살의 탄신일이었으므로 그날 삭발을 했다. 삭발 후 임동장林同莊의 소개로 영은사靈隱寺에 가서 수계를 받았다.

영은사는 항저우에서 가장 큰 사찰이었는데 나는 그곳을 매우 좋아했다. 출가 후에 이름난 대찰을 두루 다녀 봤지만 영은사만큼 좋은 절은 없는 것 같다. 주지스님이 깍듯이 대해 주시면서 객당 뒤편의 운향각芸香閣 2층에 나의 처소를 마련해 주셨다. 당시 혜명慧明 법사께서 큰스님으로 계셨다.

하루는 객당에서 큰스님과 마주쳤다. 스님은 나를 보고 "기왕에 수계를 받았으면 불경과 계율 공부도 하라."고 권하셨다. 또 "지식인이었다고 출가 후에 공부를 대충해도 된다는 생각은 하지 말라. 비록 황제라 하더라도 불가에 입문하면 모두 동등하다."고 하셨다. 주지스님은 나에게 특별한 행사 때만 얼굴을 비치면 된다고 하셨다. 수계 후 나는 영은사에 줄곧 머물렀고 12월이 되어서야 옥천사玉泉寺로 갔다. 그 후로는 운수납자로 사느라 서호에 오랫동안 머물지 못했다.

삶을 바꾼 단식 –
20일의 기록

﷽ 단식은 처음 4일 동안은 서서히 준비를 하고, 9일째 되는 날부터 본격적으로 시작한다. 일본인 무라사마村井 씨의 말에 따르면 단식 기간에는 몸이 아파 잠을 이룰 수 없거나 설사를 할 수도 있고, 재채기가 나올 수도 있다. 예비 단식은 대략 일주일 정도 하며 이때 죽은 3일, 미음 중탕을 4일 먹는다. 단식 후에도 1주일 정도 조리하는 것이 좋은데 미음 중탕을 3일, 죽은 4일 순으로 한다. 대략 반달 정도 후면 다시 몸무게를 회복할 수 있다. 반단식 중에는 서양 약 조치네ゾチネ를 먹는다.

내가 체험한 것을 간략하게 소개하자면 다음과 같다.

- 단식 3, 4일 전: 죽, 말린 매실 조금.
- 단식 1, 2일 전: 탕, 말린 매실 조금.
- 단식 1일째: 안정을 취한다. 물은 1일 다섯 사발을 마시되, 한 사발을 5회에서 6회에 걸쳐 나눠 마심.
- 단식 2일째: 배고픔으로 가슴이 타는 듯한 증상이 발생. 혓바닥에 백태가 낀다.
- 단식 3일째: 어깨와 팔이 아파 온다.
- 단식 4일째: 복부가 딱딱해짐. 몸이 나른해서 자꾸 자리에 눕게 된다. 새벽에는 몸이 가벼우나 저녁이 되면 무거운 느낌이 든다.
- 단식 5일째: 어제와 같은 느낌이지만 몸은 조금 가벼워졌다. 앉았다 일어섰다를 몇 번 반복한 후 얼마간 산보를 함.
- 단식 6일째: 몸이 가벼워지고 기분도 상쾌하다. 혓바닥에 낀 백태가 사라졌다. 가슴이 타는 듯한 느낌도 많이 줄었다.
- 단식 7일째: 새벽녘 마음이 평온해졌다. 오늘로 단식을 끝낸다.
- 단식 후 1일째: 중탕한 물 두 사발을 3회에 걸쳐 마신다. 말린 매실이 맛이 없다.
- 단식 후 2일째: 전일과 동일.
- 단식 후 3일째: 죽, 말린 매실, 오이를 먹는다.
- 단식 후 4일째: 죽을 비롯한 소량의 음식물을 먹는다. 조금만

그저 인간이 되고 싶었다

먹어도 몸을 찌르는 듯한 느낌이 든다.

- 단식 후 5일째: 죽, 야채, 생선 약간.

- 단식 후 6일째: 보통식을 섭취한 뒤 자리에서 일어난다. 2, 3일 동안은 손과 발이 조금 붓는다.

세밀한 기록

○ 11월 22일

마침내 단식을 하기로 결심했다. 여러 신들 앞에 결심을 알렸는데 신들이 허락을 했으므로, 병진년 가평 1일에 단식을 시작했다. 단식 후에는 이름과 자를 바꿨다. 이름을 흔欣, 자를 숙동俶同, 황혼 노인黃昏老人이라 하기로 했다.

○ 11월 30일

새벽녘 문옥에게 모기장, 쌀, 종이, 풀을 가져다 두라고 했다. 또 방은 깨끗하고 인적이 없으며 남향인 곳을 택하라고 당부하였다. 이날 저녁에 밥을 먹고 변기, 의자, 테이블 등을 닦았다. 오후 4시 입산入山하였고, 저녁에는 채소 반찬 여섯 가지를 섭취하였다. 음식을 담은 원형 그릇이 매우 아름다웠다. 밥을 두 그릇이나 먹었는데 물리지 않았다. 더 먹고 싶었지만 내일부터 단식에 돌입해야 했으므로 억지로 참았다.

객당 아래층에 자리를 잡았는데, 문옥에게 일러둔 대로 방은 남향이었다. 서쪽 구석에 자리를 잡고 남쪽에서 들어오는 햇빛을 볼 수 있게 했다. 문옥이는 뒷방에 머물게 했는데, 필요시 바로 도움을 받기 위해서였다. 밤에는 콩기름 불을 켜고 해서체로 84자를 썼다. 며칠 전부터 감기 증세가 있어서 간간히 잔기침이 나곤 했는데 오늘은 조금 좋아졌다. 하지만 입이 마르고 코가 막히고 목이 부어 숨 쉴 때 쇳소리가 났다. 그래도 정신은 매우 맑고 좋았다. 8시에 잠자리에 들었다. 야간에 위층 승려의 발자국 소리에 깼다가 선잠을 잤다.

○ 12월 1일

날씨 맑음. 미풍. 영상 10도. 단식 8일 전이다. 감기 몸살이 조금 나아졌고 아침 7시에 일어났다.

오전 11시에 죽 두 그릇을 먹었으며 붉은 깻잎 두 장과 두부 세 조각을 먹었다. 오후에 절 밖으로 나가서 운동을 조금 했다. 오후 5시에 죽 두 사발을 먹고 붉은 깻잎 2장, 매실 1개를 먹었다. 찬물 세 컵과 살구씨 기름 몇 방울을 탄 물을 마시기도 했다. 작은 귤 5개를 먹었다.

평소 학교에서 근무할 때에는 새벽에 일어나 항상 냉수마찰을

했고 낮에는 일광욕을 했다. 또 잠들기 전에는 꼭 뜨거운 물에 족
탕을 하곤 했다. 이날부터는 냉수마찰을 중단하고 일광욕 시간
도 줄였다. 뜨거운 물에 족탕하던 것을 미지근한 물로 바꿨다. 정
신을 집중하기 위해 너무 차거나 뜨거운 것을 피하려고 애썼다.
그리고 앞으로 단식을 하려고 하는 사람들을 위해 몇 가지 주의
사항을 적는다.

(1) 단식 전에 끓여서 식힌 물을 마시는 습관을 들여야 한다. 이
후 단식을 시작하면 차가운 생수를 마시고, 점차 생수량을 늘린
다. 하지만 단식 때 매일 냉수 다섯 컵을 마시는 일이 쉽지 않은
데 바로 설사를 할 위험이 있기 때문이다.
(2) 단식 초기에는 죽이나 미음을 먹는데 미지근할 때 먹어야 한
다. 너무 뜨겁게 먹으며 안 된다. 미음에 냉수를 섞어 마시게 되
면 복통이 일어날 수 있으므로 피해야 한다.

매일 아침 자리에서 일어나면 항상 대변을 봤다. 이날 아침에도
평소와 다름없이 대변을 봤는데 10시부터는 계속 방귀만 나왔
다. 오후 2시부터는 자꾸 딸꾹질이 났다. 이런 일은 전에는 없던
일이다. 이날은 해서 168자, 전서 108자를 썼다.

○ 12월 2일

날씨 맑음. 영상 10도. 단식 7일 전. 7시 30분 기상했다.

아침에 대변은 나오지 않았다. 오전 11시 죽 한 그릇, 매실 한 개, 붉은 깻잎 두 장을 섭취했고, 오후 5시도 동일하게 섭취했다. 냉수 3잔을 마시고 귤 3개를 먹었다. 운동하고 돌아오니 조금 피곤해서 어쩔 수 없이 먹었다. 이날은 입에 백태가 끼고 입 안이 끈적거리는 느낌이 있었다. 잇몸 위쪽 피부가 벗겨졌다. 정신은 평상시와 같은데 운동을 조금이라도 하면 바로 피로가 몰려왔다. 머리도 어지러웠다. 내일부터는 운동을 하지 말아야겠다.

저녁에는 스님과 함께 염불을 하고 1시간 정도 좌선했다. 붓글씨 132자를 썼다. 이날은 코가 막혔다. 대동大同의 석불 한 폭을 모사했다. 이곳 스님의 탁본을 빌려 그린 것이다. 모두 3폭으로 되어 있는데 다음날과 그 다음날도 계속할 생각이다.

저녁 8시 30분쯤에 잠자리에 들었다. 꿈을 꿨다. 높은 곳에 올랐는데 거기서 높이뛰기를 하는 꿈이었다. 그곳에는 운동기구를 파는 경매 시장이 있었다. 상자, 의자, 장난감, 장식물 등이 진열되어 있었다. 나는 그것을 뛰어넘었다. 그리고 공중으로 날아 그것들 사이를 걸었는데 땅에 발이 닿지 않고도 다닐 수 있었다. 매우 신비롭고 이상했다. 여러 선수들 가운데 내가 1등의 영예를 안았다. 구경꾼 중에 독일인 엔지니어 두 사람이 있었는데 그들은 모두 중국어에 능통했다. 한 사람이 내게 말하기를 이렇게 운동을 잘하는데 일본에서 열리는 큰 대회에 나가면 필시 우승할 것이라고 했다. 내가 그 말을 듣고 사양했다. 또 한 사람은 몸을 다스리는 데에는 단식이 최고라고 했다. 꿈속에서 나와 그 사람은 이미 이틀 동안 단식 중이었다. 나는 그 사람에게 내가 이미 호포사에서 단식 중이며 이틀이 되었다고 이야기해 주었다. 그 옆에 중국인이 한 명 있었는데 자를 갖고 있었다. 미터를 재는 자에는 각각 길고 짧은 글자가 붉은 글씨로 적혀 있었는데 높이를 표시한다고 했다. 내가 차례로 뛰어넘을 높이가 기록되어 있다고 했다. 그 사람은 힘든 코스를 알려 주면서 내게 초인적인 높이뛰기 능력을 갖고 있다고 극찬했다. 다시 생각해 봐도 평소에 이런 상상을 한 적이 없는데 어떻게 그런 꿈을 꾸었는지 신기할 뿐이다. 위장이 텅 비어서 그런 걸까?

○ 12월 3일

날씨 맑음. 영상 11도. 단식 6일 전. 7시 30분에 기상했다.

아침에 허기가 느껴졌다. 가슴이 답답하고 마음도 어지러웠다. 입이 말라 냉수를 마셨다. 억지로 일어나 앉아 옷을 걸쳤지만 너무 어지러웠다. 식은땀이 나고 구토를 느꼈다. 애써 보았지만 더 견디기 힘들어 옷을 입은 채 조금 더 누워 있었다. 매실차 두 잔을 마신 후에야 다시 침상에서 일어날 수 있었다. 피곤하고 사지에 무력감을 느꼈다. 9시가 넘자 정신이 조금 맑아졌다. 귤 두 개를 먹었다. 이날 아침에도 대변은 보지 않았다. 약유藥油 한 제를 복용했다.

10시 30분쯤에 가볍게 변을 보았는데 상당히 가뿐해졌다. 11시에 설사를 한 번 하고 나니 정신이 더 맑아졌고, 단식을 하지 않던 평소와 큰 차이가 없었다. 11시 20분, 죽 반 그릇을 먹고 매실 한 개, 붉은 깻잎 한 장을 먹었다. 보태普泰[04]와 천감天監[05] 시기 불상 두 장을 베껴 그렸다.

물을 마실 때와 음식을 먹을 때는 목이 따갑고 아픈데 혹시 이곳 샘물의 성질이 너무 매워서 그런 건 아닌지 모르겠다. 오후 4시에 물을 마시고 나니 딸꾹질이 나기 시작했다. 그래서 작은 배 하나를 골라 먹었다. 5시에는 죽을 반 그릇 먹었다. 감기 몸살은 이미 다 나았으나 기침은 약간 남아 있다. 이날 오후와 저녁에는 스님과 함께 1시간 동안 정좌했다. 8시 30분에 잠자리에 들었다. 산문에 들어와 단식을 시도한 후, 이리저리 뒤척이느라 밤에 잠을 제대로 못 자고 있다.

---

04 북위의 제 11대 황제 절민제 원공의 연호로 531~532년 동안 사용하였다.
05 남조 양나라 무제 소연의 연호로 502~519년 동안 사용하였다.

○ 12월 4일

. 맑음. 영상 11.6도. 단식 5일 전. 7시 30분에 기상했다.

새벽에는 가슴이 뛰고 답답하고 입이 말랐지만, 아침이 되니 차츰 좋아졌다. 냉수를 마시자 조금 더 좋아졌다. 그러나 자리에서 일어나자 머리가 어지럽고 사지가 무력했다. 작은 귤 한 개와 바나나 반 개를 먹었다. 8시 30분이 되니 정신이 평상시와 같이 돌아왔다. 위층에 올라가 큰소리로 사람을 불러 불경 3권을 빌렸다. 이날 11시에는 미음 두 그릇을 먹었고 쌀알 20여 개를 먹었다. 오후에는 산보를 하며 산문까지 이르렀는데 돌아올 때는 피로감을 느꼈다. 이날 딸꾹질을 정말 많이 했다. 입도 수시로 말랐다. 냉수를 큰 잔으로 네 잔 마셨다. 대명大明[06]시기의 불상 두 장을 베껴 그렸다. 해서 84자와 전서 54자를 썼다. 대변은 보지 않았다. 4시 이후에는 머리가 어지러워서 정신을 가다듬고자 귤 두 개를 먹었다.

저녁 8시에 잠자리에 들었다. 잠들기 전 바나나 반 개를 먹었다. 단식을 준비하는 요 며칠 새벽 3시 정도가 되면 꼭 다리가 아프고 수족이 마비되는 증세를 느낀다. 본래 추운 겨울에 이런 증세가 있었는데 요즘처럼 고통이 심하지는 않았다.

06　남조 송 효무황제 유준의 연호로 457~464년 동안 사용하였다.

○ 12월 5일

날씨 맑음, 영상 11.6도. 단식 4일 전. 오전 7시 30분에 기상했다. 밤에는 전반적으로 몸이 편안하다. 하지만 초저녁에는 괜찮던 다리가 아프고 수족 마비가 일어났다. 새벽 3시에 깨었는데 입이 마르고 가슴이 조금 뛰었다. 그래도 어제와 비교해 보면 증세가 조금 가볍다. 바나나 반 개를 먹었다. 냉수를 조금 마시고 다시 잠이 들었다. 새벽 6시에 일어났는데 기력이 아주 좋아졌다. 어제처럼 정신이 어지럽거나 기력이 없지는 않았다. 정신이 예전 같아졌고 마음이 즐거웠다. 채마밭에 나가서 꽃을 꺾어다가 철화병에 꽂았다. 배 반 개를 먹었는데 찌꺼기는 삼키지 않고 뱉었다. 어제부터 서예를 오래해서 그런지 왼쪽 허리가 아프다. 뱃속에서 계속 꼬르륵 소리가 나고 때때로 콧물이 났다. 목구멍도 부었는데 아직 낫지 않고 있다.

오후에 스님과 함께 염불을 하고 1시간 동안 좌선했다. 오래 앉아 있으니 허리 통증이 미세하게 와서 어제만큼 편안하지는 못했다. 3시에 배 반 개를 먹었는데 국물만 먹고 건더기는 뱉었다. 바나나 반 개를 먹었다. 오후와 저녁 시간에 미음을 한 그릇 먹었다. 글자 162자를 썼다. 저녁에 정신이 조금 더 맑아졌으나 오한이 나고 입이 말랐다. 본래 4일 뒤에 단식을 시작하려고 마음먹고 왔는데 내일부터 하기로 했다.

단식 기간 내에는 매일 배 한 개 분량의 배즙을 마시고 작은 귤 3개 분량의 귤즙을 마시며 마시자마자 즉시 양치를 한다. 또 신앙적으로 매일 새벽 찬신餐神에게 쌀 한 톨을 공양으로 올린 후 잠자리에 들 것이다. 잠자리에 들기 전 바나나 반 개를 먹었다. 이날은 대변이 안 나왔다. 저녁 7시에 잠자리에 들었다. 이날 밤은 극심한 신경과민을 느꼈다. 게다가 찍찍대는 쥐 소리며, 사람들 코고는 소리 때문에 밤새 잠을 이룰 수 없었다. 입이 심하게 말랐고 심야에는 다리가 아팠다가 다시 점차 좋아졌다. 어깨도 조금 아팠다.

○ 12월 6일

따뜻하고 맑다가 밤에는 약간 흐림. 영상 13.3도. 단식 제 1일째. 오전 8시에 일어났다. 원래 새벽 3시에 깨었는데 심장이 뛰고 가슴이 답답했다. 냉수, 귤즙, 매실차 한 잔을 마셨다. 8시에 일어났을 때 손발에 힘이 하나도 없었다. 머리가 어지러워 붓을 쥐고 붓글씨를 쓰려고 하자 몇 자 못 쓰고 기운이 빠졌다. 정신이 어제만 못하다. 8시 반에 매실차 한 잔을 마셨다. 지력智力이 점점 나빠지고 눈도 침침해지고 손에 기운이 빠졌다. 일기를 쓰는데 글자가 자꾸 틀리고 내가 썼는지 기억이 나지 않는 글자도 많았다. 오전 9시 30분이 되자 기력이 약간씩 회복됐다. 10시가 되자 정신이 매우 맑아졌다. 입이 마르는 증상도 저절로 회복되었다. 요 며칠 동안 계속 입 안이 헐고 부어 있었는데 이것 또한 다 나았다. 이날 대웅전에 두 번 다녀왔고 대웅전 앞 24개의 계단을 네 번 오르락내리락했다. 그런데 이 정도 걸어도 금세 피곤했다. 그 전에는 없었던 증세다. 이날 모두 합해서 배즙 한 잔, 귤즙 두 잔을 마셨다. 저녁이 되어도 정신이 맑아 어제보다 상태가 더 좋았다. 다만 다리에 힘이 없을 뿐이었다. 그리고 여전히 콧물이 나왔다. 하지만 밤이 되자 정신은 더 맑아졌다. 배고픈 느낌도 없었다. 저녁에 대변을 보려고 했는데 방귀만 몇 번 나왔다. 이날 밤은 편안히 잠들 수 있었다. 밤중에 모든 것이 편안하고 쾌적한 느낌이 들었다. 잠들기 전에 귀마개를 하고 신과 인간의 합일을 위한 기도를 마음으로 읊조리며 잠들었다. 밤이 깊어지자 다리가 아픈 증세도 사라졌다. 하지만 어깨 통증은 조금 남아 있었다. 꿈속에서는 내가 통통하게 살찐 얼굴을 한 소년으로 변해 있었다. 소년으로 변한 내가 꿈속에서 단식 효과를 봐서 이렇게 변했다고 말하고 있었다.

○ 12월 7일

흐린 후 맑음. 밤에 큰 바람이 불었고 기온은 영상 12.2도. 단식 2일째. 오전 6시 30분에 기상했다.

새벽 4시에 잠이 깼다. 가슴이 뛰는 현상이 점점 나아지고 있다. 이틀 전에 비해 확연히 좋아졌다. 냉수를 많이 마셨다. 6시 30분에 일어났을 때 머리가 어지럽던 증세도 많이 완화되어 전날에 비해 상당히 좋아졌다. 정신도 훨씬 맑았다. 또한 날씨가 포근해서 아침에 일찍 일어날 수 있었다. 기상 후 귤즙을 마셨다. 오전 8시부터 10시까지는 다시 정신이 멍해지고 하품이 계속 나왔다. 목이 막히고 콧물이 나오기도 했다. 하지만 막상 일어나 움직이니 평상시와 같았다.

오후가 되니 몸이 점점 차가워졌다. 그래서 이불을 덮고 조금 쉬었다. 갑자기 먹고 싶은 음식들이 떠올랐다. 구운 연병, 떡국, 새우 두부, 새우 수제비, 각종 채소볶음 요리, 껍질째 볶은 해바라기씨와 수박씨 등.

오후 3시에 일어났는데 한기는 없어졌다. 다리 힘도 어제보다 약간 좋아졌다. 대변은 보지 않았고, 냉수를 비교적 많이 마셨다. 초저녁에는 어깨에 통증이 좀 왔는데 수시로 바꿔 누웠더니 나중에는 다 나았다.

○ 12월 8일

흐림. 바람이 심하게 불었고 추웠음. 오후에 간간히 햇볕이 비쳤음. 영상 10도. 단식 3일째. 오전 10시에 기상했다.

새벽 5시에 깼는데 기력이 매우 좋았다. 요 며칠 동안 있었던 가슴 뛰는 현상이나 머리 어지러움증이 말끔히 사라졌다. 날씨가 춥고 바람이 많이 불어서 늦게 일어났다. 침대에서 일어나니 정신이 참으로 맑고 팔다리에도 힘이 있었다. 사찰 경내를 이리저리 걸으며 산보했다.

오후 4시 반에 침상에 들었다. 오후에 날씨가 너무 추워서 일찌감치 잠자리에 든 것이다. 음식 생각이 조금 났고 배고픈 현상도 있었다. 머릿속에 각종 음식이 떠올랐고 그 음식의 맛과 냄새도 생생하게 느껴졌다. 편안히 잠을 청했으나, 다리 관절에 통증이 약간 있었다.

○ 12월 9일

맑았다가 오후에 점차 흐려짐. 기온 한랭, 바람이 붐. 영상 8.8도. 단식 4일째. 아침 8시 30분에 기상했다.

새벽 4시에 잠에서 깼다. 기력도 좋고 몸 상태도 아주 좋았고, 평상시와 다를 바가 없었다. 침대에서 일어난 후에도 전혀 문제가 없고 팔다리에 힘이 났다.

아침 햇살이 침상으로 비스듬히 들어오니 심신이 상쾌했다. 소변을 보는데 요도에 통증을 약간 느꼈다. 아마도 물을 너무 많이 마셔서 그런 것 같다. 오후에 물을 너무 많이 마셔서 가슴이

그저 인간이 되고 싶었다

답답했다. 오늘부터 배즙이나 귤즙을 마시지 말고 매실차 두 잔을 마시기로 했다.

이날은 오전에 정신이 가장 개운했다. 글자를 84자를 썼고 채마밭에 나가서 산보했다. 오후에는 추워져서 이불을 뒤집어쓰고 조금 쉬었다. 오후 3시에 침상에서 나와 실내에서 운동을 조금 했다. 이날은 배고픈 느낌이 없었다. 날씨가 너무 추워서 오후 5시에 침상에 들었다.

○ 12월 10일

흐림, 한랭. 영상 8.3도. 단식 5일째. 오전 10시 30분에 기상했다. 새벽 4시에 잠에서 깼고 정신과 몸이 어제처럼 좋았다. 침대에서 일어났을 때가 정신이 가장 맑고 좋았다. 날씨가 너무 추워서 침대에서 늦게 일어났다. 이날 소금물을 한 잔 마셨다. 11시에 양 군과 류 군이 와서 같이 한담을 나눴다. 너무 추워서 오후 4시쯤 자리에 누웠다. 이날 글자를 반 페이지 정도 썼다. 최근 신경 과민 현상이 점점 나아지고 있다. 그래서 밤에도 비교적 편안하게 잠들 수 있다. 다만 어제 물을 너무 과다하게 마셔 위가 좀 아파서, 이날은 적게 마셨다.

○ 12월 11일

흐리고 추운 날씨, 저녁에 다시 맑아짐. 기온 영상 8.3도. 단식 6
일째. 오전 9시 30분에 기상했다.

새벽 4시에 깼고, 몸과 기력이 어제처럼 맑고 좋았다. 야간에 오
른쪽 다리에 약간의 통증이 있었고, 위장이 조금 불편했으며, 입
이 말랐다. 추워서 늦게 일어났다. 소금물 반 컵을 마셨고 배즙
도 조금 마셨다. 저녁에 날씨가 맑아져서 심신이 상쾌해졌다. 글
자 38자를 썼다. 처마 밑에 앉아 햇볕을 좀 쬐다가 그래도 추워
서 일찌감치 자리에 누웠다. 저녁에는 신의 은혜에 감사하는 마
음이 일었고 반드시 불문에 귀의하겠다는 맹세를 했다. 복기에
게 편지를 보냈다.

○ 12월 12일

새벽에 짙은 안개가 끼었고 날씨가 추웠으나 오후에 맑아졌다.
영상 8.8도. 단식 7일째. 오전 11시에 자리에서 일어났다.

새벽 4시 30분쯤에 깼는데 몸과 기운이 어제와 같이 좋았다. 다
리 통증도 나았다. 위장도 좋아졌으나 입은 말랐다. 날씨가 너무
추워서 침상에서 나오기 싫었다. 오전 11시에 복기가 내복을 보
내왔다. 내복을 입고 나서야 침대에서 나올 수 있었다. 배즙과 끓
인 소금물, 귤즙을 마셨다. 오후에는 정신이 더 맑아졌다. 눈귀

가 더 밝아지고 머리가 매우 상쾌한 것이 요 며칠 중 가장 상태가 좋았다. 채마밭에 나가서 좀 걸었다. 글자 54자를 썼다. 어제부터 대변을 보고 싶다는 생각을 했다. 배가 고프다는 느낌도 약간 들었다. 이날은 물을 아주 조금만 마셨다. 저녁에 날씨가 맑게 개었고 오후 4시 반경에 자리에 누웠다.

○ 12월 13일

새벽에는 날씨가 맑았다 흐렸다 하더니 나중에는 맑고 화창했다. 저녁에 바람이 불었다. 영상 12.2도. 단식 후 1일째. 오전 8시 30분에 기상했다.

몸 상태가 어제와 같다. 새벽에 맑은 미음 두 그릇을 먹었는데 맛은 전혀 느낄 수 없었다. 자주 화장실에 가고 싶어졌다. 입이 말랐는데 나중에는 좋아졌다. 배즙, 귤즙을 마셨다. 11시에 조금 된 미음 한 사발과 매실장아찌 한 개를 먹었다. 여전히 맛은 알지 못했다.

11시에 설사약을 먹고 30분 뒤 대변을 보았다. 양이 엄청 많았고 변색이 붉었다. 변을 볼 때 통증을 조금 느꼈다. 변을 본 후에 몸이 점차 피로해졌고 팔다리에 기운이 빠졌다. 오후에 억지로 힘을 내어 채마밭에 한 번 다녀왔다. 오늘은 냉수를 마시지 않았다. 오전에 글자 54자를 썼다. 몸이 극도로 지쳤다. 단식 기간 동안 이런 느낌은 한 번도 없었다. 입맛도 잃어서 음식을 먹어도 맛을 느낄 수 없었다. 죽도 먹기 싫어서 억지로 한 사발을 마셨지만 식욕을 느낄 수 없어서 더 이상 마실 수 없었다.

○ 12월 14일

날씨 맑음. 오전에 바람이 불었고 기온은 영상 10도였다. 단식 후 2일째다. 7시 30분경에 기상했다.

몸 상태는 어제와 동일했다. 밤에 비교적 편안하게 잠을 잘 수 있었다. 새벽 5시에 미음 한 사발을 마셨다. 입이 말랐으나 자리에서 일어난 후 정신은 어제처럼 좋았다. 가볍게 한 차례 설사를 했다. 대변을 본 후 다시 미음 한 사발을 마시고 귤즙을 마시고 과일 반쪽을 먹었다. 이날은 미음과 매실장아찌가 입맛에 맞지 않아서 오전 11시에 연근 가루를 물에 타서 한 사발 마셨고, 쌀로 만든 떡 한 조각을 먹었다. 글자 384자를 썼다. 허리에 약간의 통증이 왔다. 『신락가神樂歌』 서장을 암송했다. 오후 4시에 쌀죽 한 그릇과 간장 계란 반 개, 매실장아찌 한 개를 먹었다. 심한 배고픔은 느끼지 않았고 이 정도 먹으니 충분했다. 5시 반경에 자리에 누웠다.

○ 12월 15일

맑음. 기온은 영상 9.4도. 단식 후 3일째. 오전 7시에 기상했다. 점차 잠이 잘 드니 몸도 평소와 다를 바 없다. 이불을 두른 채 차 한 잔을 마셨고 쌀떡 세 조각을 먹었다. 아침에 연근떡을 먹었고 오전에는 법당과 채마밭 주위를 걸어 다녔다. 글자 84자를 썼다. 점심에는 죽 두 사발을 먹었고 야채계란탕을 조금 먹었다. 저녁에는 토란 네 개를 먹었는데 정말 맛있었다. 배 한 개를 먹고 귤 두 개를 먹었다. 『어신락가御神樂歌』 두 쪽을 경건하게 베끼고 1장부터 3장까지 내용을 암기했다. 저녁에 죽 두 그릇을 마시고 계란야채탕하고 매실장아찌를 조금 먹었다. 저녁에 죽을 먹은 후 떡을 곁들여 차를 마셨으나, 떡과 차가 입에서 따로 놀았고 위장도 편하지 않았다. 밤새 딸꾹질이 났고 뱃속이 꼬르륵거렸다. 대변은 보지 않았다. 오후 7시에 자리에 누웠다.

○ 12월 16일

날씨 맑음. 기온 영상 9.4도. 단식 후 4일째. 오전 7시 반에 기상했다.

새벽에 홍차 한 잔을 마셨고, 연근 가루를 물에 타서 마셨다. 정오에 연근죽 세 그릇을 마셨다. 토란탕을 큰 대접에 반 그릇이나 먹었다. 정말 맛있었다. 태어난 이래 토란탕이 이렇게 맛있는 줄

미처 몰랐다. 귤과 사과를 먹었다. 저녁에도 점심때와 같은 메뉴를 먹었다. 이날 오후 산문을 나가 산보했다. 『어신락가』를 암송했는데 정말 기분이 상쾌했다.

○ 12월 17일

맑고 온화한 날씨. 기온은 영상 11도. 단식 후 5일째. 오전 7시에 기상했다.

밤에 깊은 잠을 잘 수 없다. 새벽에 설사약을 소량 먹었다. 아침에는 죽을 되게 해서 한 그릇 먹었다. 찐 토란 다섯 개를 까먹었으나 여전히 충분한 것 같지 않았다. 그래서 쌀떡 세 조각을 먹고 연근 가루를 물에 타서 한 그릇 마셨다. 9시 반에 대변을 한 차례 봤다. 속이 확 뚫리는 느낌이었다. 채마밭에 나가서 『신락가』를 암송했다. 점심에는 밥 한 그릇, 죽 세 사발, 기름에 튀긴 두부 한 접시를 먹었다. 이 절에서는 매월 초하루와 보름에 두부를 먹지만 오늘 스님 한 분이 돌아가셔서 다비를 하고 남은 음식 중 두부를 사서 먹었다. 오전과 오후에 각각 산문 밖으로 나가서 두 번 산보했다. 그리고 '이번에 산문을 나가면 머리를 깎아야지'하고 생각했다. 문옥이가 무를 뽑아 보내왔는데 먹어 보니 아주 달았다. 저녁에 죽 세 사발과 두부채소볶음 한 접시를 먹었는데 정말 맛있었다.

오늘은 『신락가』 다섯 쪽을 베꼈다. 6장 이하 부분을 암기했다. 보자普慈에게 편지를 써서 보냈다. 대변을 본 후 몸이 매우 가벼웠다. 저녁밥을 먹고 나니 더 즐거웠다. 처마 밑에 오랜 시간 앉아 있었다. 오늘부터 이름을 '흔欣', 자를 '숙동傲同'으로 개명하기로 마음먹었다. 저녁 7시 반에 자리에 누웠다.

○ 12월 18일

날씨 흐림, 약간의 보슬비. 기온은 영상 9.4도. 단식 후 조리 마지막 날이다.

새벽 5시 반에 자리에서 일어났다. 10시간 동안 달콤한 숙면을 취해서 컨디션이 정말 좋았다. 이런 느낌은 입산 이래 처음이다. 새벽 일찍 일어났는데 이유는 절에서 하는 대중공양에 동참해서 아침을 먹고 싶었기 때문이다. 일어나서 대변을 보았는데 아주 상쾌했다. 6시 반에 진한 죽 세 사발을 마셨고 두부채소탕 한 그릇을 먹었다. 충분한 포만감을 느꼈다. 채마밭 옆 작은 집에 앉아 『신락가』를 읊조렸다.

오늘은 7장 내용을 외웠다. 경건한 마음으로 『신락가』 여덟 쪽을 베꼈다. 점심에 밥 두 그릇과 채소두부탕 한 그릇을 먹었다. 포만감을 느꼈고 담배를 한 대 피웠다. 오후에 경내로 들어가 여기저기 걸어 다녔다. 다리 힘이 많이 좋아진 것을 느꼈다. 마른 꽃 몇 가지와 솔방울 몇 개를 주워 왔다. 저녁에 된죽 두 그릇을 먹고 채소볶음 반 접시를 먹었다. 더 먹을까 했으나 배가 불러 더 먹기 힘들었다. 식사 후 가슴이 확 트이고 통쾌한 느낌이 들었다. 등불 아래서 54글자를 적었다. 단식 중 적었던 글자들을 모아서 엮어 두고 저녁 7시 반에 자리에 누웠다.

O   12월 19일
날씨 흐림. 보슬비. 새벽 4시 반에 기상했다.
오후 1시에 산문을 나와 학교로 복귀했다.

깊이 잠기어 자신을 드러내지 않는 것,
이를 일러 지계持戒라고 한다.
입이 있어도 벙어리와 같이,
귀가 있어도 귀머거리와 같이,
무리와 세속을 떠나면 그 도가 높아지리라.

『서방확지西方確指』

겨울에는 여름을 그리워하고
여름에는 또 겨울을 그리워하는구나.
이런 망상을 능히 없애면 어느 곳에 처해도
한결같이 편안할 수 있는 것을.
풀이라도 먹을 수 있다면 굶는 것보다 낫고,
초가집에라도 거할 수 있다면 이슬 맞고
사는 것보다 낫지 않은가?
인생에 만족을 안다면 번뇌는 단번에 소멸되리니.

연지蓮池 대사

좋은 벗은 만나기 어렵고 악연은 세상에 널려 있다.
못을 깨물고 쇠를 씹으며 뼈에 새기고 마음에
새기지 않는다면 어떻게 스스로 빠져나올 수
있으리오?

우익蕅益 대사

계곡의 메아리가 흐르는 물소리에 답했다.
내 종지를 전하려고 하는데
진흙으로 만든 소가 물위를 지나갔다.

영명永明 선사

인생에 시간이 얼마나 있는가?
번갯불처럼 지나가 버리고 만다!
아직 늙지 않고 병들지 않았으면
몸과 마음을 구하고, 세상일에서 벗어나라.

천여天如 선사

지금 쉬고 싶으면 바로 쉬어라.
만일 일이 끝날 시간을 기다린다면
끝나는 시간은 영원히 오지 않으리.

운봉雲峰 선사

이 몸은 찰나의 번개와 같고 공허한 신기루와 같은데
무엇 때문에 다른 사람에 대해서
자주 기뻐하거나 화를 내겠는가?

『제법집요경諸法集要經』

오직 어리석은 사람인 양 깊이
스스로를 참회하라.
저열한 지혜와 오만한 마음을
새롭게 고쳐먹어라.

우익漚益 대사

울타리 아래 국화 몇 줄기,
무심히 다른 꽃들 시듦을 보네.
애초에 다투며 먼저 필 마음 없었으니,
서리 아래 홀로 향기 내뿜네.

송추誦帚 선사

2 부끄럽지 않은 사람이 되기를 소망하다

새로워진다는 것에
대하여

음력 1월 1일 설날이다. 샤먼 시가지 전경을 보니 활기가 가득하고 집집마다 대문에 새해 춘련春聯을 붙여 놓았다. 모두들 새 옷을 입고 있다. 모두들 덕담을 건네느라 정신이 없다. 이런 때에는 우리 승려들도 마땅히 새로워져야 할 것이다. 그렇다면 승려들에게 있어서 '새로워진다'는 것은 무엇을 말하는 것일까? 물론 속세 사람들처럼 새 옷으로 갈아입고 새 춘련을 대문 앞에 붙이는 것은 아닐 것이다. 우리에게 있어 새로움이란 묵은 허물을 고쳐 스스로 새로워지는 것을 말한다. 다만 그 범위가 참으로 넓어 어디서부터 어떻게 말하는 것이 좋을지 고민이다. 그래서 나는 지난 50여 년간 내가 허물을 고치며 겪은 대표적인 경험을 여러분에게 이야기해 주고자 한다.

우선 말해 둘 것은 내가 이야기하는 것 중 상당수는 유교 문헌을 참고했다는 점이다. 현묘한 불법의 이치를 논리정연하게 풀어 설명한 불가의 문헌이 많기는 하지만 우리 같은 초심자들에게 매사에 스스로를 가지런히 하도록 일깨우는 데에는 유교만 한 것이 없다. 비록 불법을 말하는 책들 중에도 이런 문제를 다루는 책이 있지만 유교 서적이 더 상세하고 구체적이다. 그래서 나는 유교 서적에서 많은 부분을 인용해서 우리 불자들에게 작은 도움이라도 주고자 한다. 먼저 허물 고치는 순서를 언급하고자 한다.

배움

먼저 불교 서적과 유교 서적을 많이 읽어야 한다. 그래야 선악을 구분할 수 있고 잘못을 고칠 수 있는 방법을 알 수 있다. 하지만 불교와 유교 관련 책들은 너무 방대하여 한 사람이 평생 읽어도 다 읽을 수 없을 만큼 내용이 많고 이해하기에도 어렵다. 그러니 먼저 『격언연벽格言聯璧』을 읽어 보기를 권한다. 나는 어려서부터 이 책을 읽었고 불문에 들어오고 나서도 수시로 읽어 보곤 하는데, 그 내용이 친절하면서도 진정으로 깊은 맛이 있다. 불학서국佛學書局에 배인본排印本이 나와 있는데 매우 정밀하다.

성찰

배웠으면 스스로 성찰해야 한다. 자신의 말 한 마디, 행동 하나까지 선한지 악한지 돌이켜 봐야 한다. 악행을 저질렀다면 마땅히 통렬하게 반성하고 고쳐야 한다. 시시각각 자신의 허물을 고치는 데에 주의해야 할 뿐만 아니라 매일 잠들기 전에 다시 한 번, 하루의 일을 면밀하게 되짚어 보아야 한다. 매일 일기를 쓴다면 더욱 좋은 도움이 될 것이다.

고침

성찰한 후 만일 잘못을 알았다면 힘써 고친다. 잘못을 고치는 일이야말로 바로 자신을 광명되게 하고, 구애받지 않는 위대한 인격의 표상임을 모두들 알 것이다. 공자의 제자 자공子貢은 "군자의 잘못은 하루하루의 음식과 같다. 잘못을 범하면 사람들이 모두 보고 있고 잘못을 고치면 사람들이 다 우러러본다."라고 했다. 또 옛사람이 말하기를 "자신의 허물을 알면 밝다고 할 수 있고, 그것을 고칠 수 있으면 성인聖人이라 할 수 있다."라고 했으니 여러분이라고 마땅히 노력하지 않을 수 있겠는가?

걸림 없는 삶에 놓인
아홉 가지 장애물

．

습관이란 무엇인가? 여러 생을 거치면서 쌓아 온 훈습과 이번 생애에 쌓인 훈습이 몸과 입에 저절로 드러나는 것이 습관이다. 일반적으로 습관이라 하면 안 좋은 것을 떠올리는 사람이 많다. 그래서 나는 사람들이 말하는 의미에서의 '습관'에 대해 이야기하겠다.

한 가지씩, 매일 점검하고 노력하라

재가자들에게 하는 교육의 핵심은 습관을 교정하는 것이다. 물론 출가자도 사정은 다르지 않다. 그런데 요즘 출가자 사이에 고담현언高談玄言을 논하는 일이 대세인 것 같다. 자신이 가진 미세한 습관이나 훈습은 잠시 밀쳐 두고 자문하지 않는 듯하다. 자신의 일 거수일투족 중에 극히 거칠고 쉽게 알아차릴 수 있는 습관조차 주의를 기울이는 사람이 드문 작금의 현실이 안타까울 뿐이다.

나는 나이 서른을 넘기면서 자신의 나쁜 습관이 얼마나 심각한 상황인지 비로소 알게 되었다. 그것을 알게 된 후로는 나쁜 습관을 다스리고자 자못 궁리하고 노력했다. 출가한 이후로는 언제나 전전긍긍하며 한순간도 제멋대로 하지 않았다. 다만 부끄러운 일은 그렇게 전전긍긍하며 애를 써 왔음에도 불구하고 고친 습관이 백에 한두 가지도 안 된다는 사실이다. 앞으로 통렬히 반성하며 고쳐 나갈 것이다. 나아가 여러 도반께서도 같이 떨치고 일어나 함께 노력해 보기를 청한다.

인간의 습관은 참으로 많고 많아 막상 바르게 고치려고 해도 어떻게 고쳐야 할지 그 방법을 아는 것이 쉽지 않다. 만약 나쁜 습관을 다 꺼내어 늘어놓고 일시에 고치려 한다면 힘만 들고 효과는 적을 것이다. 내 경험에 비춰 말하자면 먼저 한 가지 혹은 서너 가지만 정해서 매일 노력하고 점검하는 것이 좋다. 이미 완전히 고쳐졌다면 다시 조금씩 그 수를 늘려 가는 게 좋다.

올봄부터 도반 몇 명과 함께 율학을 연구하고 있다. 도반들은 율학을 연구하면서 자신들의 잘못된 습관을 고치는 데 매우 주의를 기울이고 있다. 비록 몇 달밖에 지나지 않았지만 제법 효과를 거두고 있기에 우리들의 경험을 들어 여러분에게 말하고자 한다. 하지만 여러분들께서는 이 경험담대로 하기보다는 각자의 재량에 맞게 몇 가지씩 정해서 적절히 행해 보기 바란다.

율학에서 배운 7가지

율학을 공부하는 도반들이 고친 습관은 다음과 같다.

첫째, 음식을 먹을 때는 이야기를 하지 않는다. 중등 이상의 사찰에는 이 제도가 있기 때문에 모두들 비교적 쉽게 지킬 수 있다.

둘째, 때가 아니면 음식을 먹지 않는다. 처음 율학을 공부하기 시작했을 때 모두 자발적으로 결심하였다. 그래서 모두 이 계율을 수지했다. 나중에 따라서 배운 사람들도 모두 그렇게 하고자 하여 이미 이 계율은 정례가 되었다.

셋째, 의복은 소박하고 가지런해야 한다. 이는 옛 법제에도 있다. 즉 색이나 옷감의 질이 승복으로 적합하지 않은 것은 내복용으로 사용하고, 적어도 밖에 입는 옷은 법복을 입어야 한다.

넷째, 예송禮誦과 같은 별도의 과정을 닦지 않는다. 즉 매일 강의를 듣고 연구하고 사경寫經하고 사중의 수업 내용을 외우는 일 외에는 별도로 혼자 예송을 하지 않으며 오로지 행하는 데에 노력한다. 매일 새벽 부처님 앞에 꿇어앉아 『법화경』을 독송하거나 『화

엄경』을 읽는다. 또 어떤 사람은 『금강경』을 읽거나 매일 만 번 이
상 염불을 하기도 한다.

다섯째, 한담을 하지 않는다. 출가자들은 왕왕 여럿이 모여 잡
담하기를 즐기는 동안 아까운 세월을 허비하고 도업을 폐하니 이
얼마나 안타까운 일인가? 지금 우리 도반들은 이미 이런 훈습은 다
제거하였다. 매일 공양 후, 저녁 휴식 시간에 나무 아래나 처마 밑
에 앉아 불경 내용을 실천하거나, 참선을 하거나, 부처님의 명호를
묵송하거나, 경문을 낭송하거나, 고요히 마음을 다스린다.

여섯째, 신문을 읽지 않는다. 특히 사회면에는 살인, 도둑질,
음란하고 망령된 사건들이 상세하게 게재되어 있다. 음욕淫慾과 관
련된 묘사는 매우 자세하고 그 정도가 넘지 못하는 선이 없다. 비록
음욕의 마음이 없는 자라 할지라도 자주 신문을 읽다 보면 필시 영
향을 받을 수밖에 없다. 이 점은 현대의 교육자들도 심히 염려하는
부분이다. 따라서 율학을 배우려는 자는 부디 스스로 신문을 읽지
않겠다는 발심을 하길 바란다.

일곱째, 항상 노동을 해야 한다. 출가자들 가운데 게으른 자와
노동을 좋아하지 않는 자가 있다. 지금 율학을 배우는 도반들은 이
미 노동하기로 발심하고 매일 대웅전과 승방을 쓸고 닦는다. 이런
일 외에도 각종 다른 노동을 하기 위해 발분하고 있다.

작은 밥 알 하나라도 귀하게 여겨라

이상은 이미 고친 습관 일곱 가지이다. 추가로 최근 새로 고친 습관 두 가지를 말하고자 한다.

먼저 밥알을 남김없이 깨끗이 먹어야 한다. 인광 법사께서는 제자들 중 밥알을 남기는 자가 있으면 바로 불호령을 내리셨다. 이른바 시주받은 밥 한 알의 은혜는 산과 같이 크고 무겁기 때문이다. 그러나 만약 불은 밥이나 국수가 썩은 경우는 제외한다.

둘째, 앉을 때 반드시 반듯이 앉아야 한다. 의자에 앉을 때에는 반드시 두 다리를 나란히 늘어뜨려야 한다. 다리를 꼬고 앉으면 안 된다. 혹은 다리를 세우거나 펴서도 안 된다. 나는 이미 이 습관만큼은 고치고 출가했다. 사실 이런 습관을 고치는 일은 그다지 힘이 드는 일이 아니다.

결론적으로 말씀드리면 여러분들이 율학을 배우고 자신의 습관을 바로 고치는 것은 모두 자신의 마음에서 우러나 발심해야 한다. 남의 명령에 따라 고치는 식이 되어서는 결코 안 된다.

* 1933년 취안저우 승천사 강연록.

스스로를
단단하게 하는 일

내가 50여 년간 개과천선해 온 경험을 말하고자 한다. 물론 그런 일들은 너무 많아서 다 헤아리기 어렵다. 그래서 나는 흔히 사람들이 간과하고 지나치는 일들 중 대표적인 열 가지만 골라서 여러분에게 말해 주겠다. 『화엄경』에는 허물을 고치는 방법으로 열 가지를 골라 말하고 있는데, 이 열 가지 방법은 셀 수 없이 많다는 뜻이다. 지금 내가 열 가지 경험담을 말하는 것도 실로 같은 이치이다. 이로써 나의 과실이 무척 많았으며 셀 수 없었음을 말하는 것이다.

허심虛心

흔히 사람들은 선악의 의미를 잘 이해하지 못할 뿐만 아니라

인과법도 두려워하지 않는다. 이처럼 스스로 저지른 잘못도 모르는데 어떻게 허물 고치는 일을 논하겠는가?

하지만 옛 성현들은 그렇지 않았다. 몇 가지 예를 들어 보자. 공자는 다음과 같이 말했다. "나는 나이 쉰을 넘어 『주역』을 배우고 나서야 큰 허물을 짓지 않게 되었다." 또 다음과 같이 말했다. "의로움을 듣고 실천하지 못하고 불선不善을 고치지 못하는 것이 나의 허물이다."

어느 날 거백옥蘧伯玉이란 현인賢人이 공자에게 사람을 보냈다. 공자는 그와 마주 앉아 물었다. "그대의 선생은 어떻게 지내시오?" 그러자 그가 대답했다. "선생께서는 그 허물을 줄이고자 하지만 제대로 못하고 있다고 생각하십니다." 성인이나 현자도 이처럼 마음을 비우는데 우리 같은 자들이 자만한다면 될 일이겠는가?

신독愼獨

불보살과 신들은 우리가 일상에서 일으키는 행위나 생각, 의도 등 모르는 게 없고 보고 있지 않는 것도 없다. 이것을 잊지 않는다면 어찌 한순간이라도 함부로 그릇된 행위를 일삼겠는가? 일찍이 증자曾子가 말했다. "10개의 눈이 보고 있고 10개의 손가락이 가리키고 있으니 어찌 두렵지 않으리!" 또 『시경』에서는 다음과 같이 말하고 있다. "전전긍긍, 깊은 못이 앞에 있듯, 얇은 얼음 위를 건

듯이!" 이런 말들은 우리가 시시각각 기억해야 할 것이다.

관대함

천지간 만물이 꺼려하는 것이 거짓되게 지어내고 꾸미는 것이다. 성인과 현인들의 모든 처사는 늘 관대하였다. 옛 사람의 말 중에 이런 이야기는 많이 남아 전해지니 내가 더 이상 거론할 필요가 없다.

손해 볼 것

옛 사람이 말했다. "나는 어떤 자가 군자인지는 모르겠다. 하지만 매사에 기꺼이 손해를 보는 사람을 알 뿐이다. 나는 어떤 자가 소인인지는 모르겠다. 하지만 매사에 이익을 보려는 사람을 볼 뿐이다." 옛날 어떤 현인이 임종이 다가오자 자손에게 다음과 같이 말했다고 한다. "다른 말은 않겠다. 너희는 다만 손해 보는 것을 배워라."

말을 줄여라

이것은 매우 중요한 문제이다. 공자가 "네 마리 말이 끄는 수레도 그 속도가 혀에는 미치지 못한다."고 말했던 것처럼 진정으로 말을 삼가야 하나니, 두렵지 아니한가?

남의 잘못을 말하지 말라

옛 사람이 말했다. "시시각각 자신을 점검하는 데에도 겨를이 없는데 무슨 시간에 다른 사람을 이러쿵저러쿵 책망한단 말인가?" 공자도 말했다. "스스로 자기를 책망하기를 후하게 하고, 남을 책망하기를 박하게 한다." 이상의 명언을 나는 늘 감히 잊지 않는다.

자신의 잘못을 변명하지 않는다

자하子夏가 말하기를 "소인은 자신의 잘못에 대해 꼭 변명을 한다."고 했다. 우리는 변명이 지나친 것이야말로 가장 부끄러운 일임을 알아야 한다.

자신의 허물을 덮으려 하지 마라

우리는 다른 사람에게 죄를 지었을 때 반드시 크게 부끄러워하고 두려워할 줄 알아야 한다. 자신이 지은 잘못을 솔직히 고백하고 사죄하고 참회해야 한다. 이때 체면을 차려 감추려 한다면 이는 스스로를 속이는 것이다.

남의 비방에 변명을 하지 마라

옛 사람이 말했다. "어찌하면 타인의 비방을 멈추게 할 수 있을까? 그 답은 바로 변명하지 않는 것이다." 또 말했다. "작은 손해를 보면 큰 손해를 입지 않는다." 이것은 내가 30여 년간 누차 경험한 일이다. 이 말들이 진실한 것임을 깊이 믿어야 한다.

성내지 말라

성내는 습관을 고치는 일이 제일 어렵다. 옛 현인이 한 말이 있다. "20여 년간 '성낼 노怒' 한 글자를 다스려 왔으나 아직도 다 없애지 못했네." 하지만 우리는 분노를 다스리는 일을 포기할 수 없다. 『화엄경』에 이르기를 "성내는 마음을 제어하는 데 일념한다면 백만 개 업장의 문을 열 수 있다."고 했다.

허물을 고치는 일은 말하기는 쉬워도 실천하기란 결코 쉽지 않다. 때로는 잘못을 고쳤다가 다시 잘못을 범하기를 반복한다. 이처럼 스스로가 스스로를 단단하게 주재하지 못하는 것은 숙업宿業의 영향을 받고 있기 때문이다.

바라건대 여러분이 항상 아미타불, 관세음보살, 지장보살의 명호를 독송하고 지극한 정성과 존경심으로 간절히 숙업을 참회한다면 어둠 속에서도 점차 신비한 감응을 얻게 될 것이다. 불보살님의 자비와 가피를 받들어 업장을 소멸하고 자신의 허물을 벗고 새롭게 하여 원만성취하기를 바란다.

소원성취의 비결

◉   강연을 시작하기에 앞서 먼저 여러분에게
다음을 묻고자 한다.

첫째, 여러분은 오래 살고 싶습니까?

둘째, 여러분은 병에 걸리면 낫고 싶습니까?

셋째, 여러분은 어려운 일을 피해 가고 싶습니까?

넷째, 여러분은 자식을 갖고 싶습니까?

다섯째, 여러분은 서방정토에 태어나고 싶습니까?

이상의 소원성취를 원한다면 이 자리에서 가장 쉬운 방법을
알려 주겠다. 바로 '방생'이다. 고금을 막론하고 방생이 장수에 도

움이 된다는 사례는 매우 많다. 각각 대표적인 사례를 여러분에게
말해 보겠다.

생명을 구해 생을 얻은 이야기

첫째, 생명을 연장한 사례다. 장종선張從善은 어렸을 때 산 물
고기를 가지고 놀면서 물고기를 손가락으로 찌르는 등 많이 괴롭
혔다. 어느 날 손가락 하나를 다쳤는데 그때 느낀 고통으로 물고기
가 본인에게 잡혀 배와 살이 발라지고 꼬리가 잘리고 비늘이 뜯겨
지는 고통이 어떤 것인지 새삼 돌이켜 보게 되었다. 그리하여 장종
선은 마침내 냇물에 물고기들을 방생하기 시작했고 그 후로는 더
이상 목숨 있는 것들에 상처를 입히지 않았다. 그 후 이 분은 98세
까지 장수했다고 전해진다.

둘째, 질병에서 나은 사례다. 항저우 사람 섭홍오葉洪五는 아홉
살 되던 해에 악몽에 시달려 잠에서 깨어났는데, 일어나 보니 이부
자리에 자신이 토한 피가 흥건하였다. 그 후로 섭홍오는 질병에 시
달리며 좀처럼 몸이 좋아지지 않았다. 사실 그는 어린 시절 매우 총
명한 아이여서 가족의 사랑을 한 몸에 받았다고 한다. 그래서 가족
들이 어린 섭홍오에게 용돈을 많이 주었는데, 아프기 전까지 그가
모은 돈이 제법 많았다. 어느 날 할머니가 섭홍오의 돈을 가리키며

이렇게 말했다. "병에 걸려 일어나지도 못하는데 이 따위 돈이 다 무슨 소용이 있어?" 할머니의 말씀을 들은 섭홍오는 그 동안 갖고 있던 돈을 모두 방생에 썼다. 가진 돈을 다 쓰고 나니 섭홍오의 병도 어느새 나아 있었다.

셋째, 어려움을 면한 예다. 자싱嘉興 사람 공씨가 어느 날 친척 집에 가게 되었는데 친척이 점심을 잘 대접하고 싶어 닭을 잡아 주려고 하였다. 이에 공씨가 극구 만류하여 겨우 닭을 잡지 않았다. 그날 저녁 그 친척집에 머물면서 잠을 자려고 누웠는데 마침 들보 위에 그 집 돌쩌귀가 걸려 있었다. 한밤에 잠이 든 공씨는 갑자기 닭이 부리로 머리를 쪼는 바람에 깨었는데 아무리 닭을 쫓아도 닭이 머리를 세 번이나 쪼았다. 성화를 이기지 못한 공씨가 일어나 닭을 쫓아버리려고 불쑤시개를 찾으러 부엌에 들어간 찰나 돌쩌귀가 아래로 떨어졌는데, 그 자리가 바로 공씨가 머리를 누였던 곳이었다. 그제야 공씨는 닭이 은혜에 보답한 것임을 알았다. 그 후로 공씨는 주위 사람들을 만날 때마다 살생하지 말 것을 권했다.

넷째, 자식을 얻은 이야기다. 사오싱紹興 사람 예옥수倪玉樹는 항저우 사람 양서묘楊墅廟가 영험한 사람이라는 소문을 듣고 그를 찾아갔다. 오래 아이가 없던 예옥수가 임신하는 방법을 물으니 양서묘는 돼지, 양, 닭, 거위 등을 잡아 제를 지내 주었다고 한다. 그날 밤 예옥수의 꿈에 신이 나타나 그를 꾸짖었다. "자식을 원한다는 네가 살생을 하다니 도대체 생각이 있는 것이냐?" 이에 예옥수가 머리를 조아리며 신에게 방법을 알려 달라고 빌었다. 그러자 신은 "네가 진정으로 자식을 원한다면 사람뿐 아니라 목숨 있는 다른 것들도 생각해라. 생물 중 자식이 많기로는 물고기, 새우, 소라와 같은 것이 없다. 너는 어찌 그들을 방생하지 않는가?" 이 말을 듣고 깜짝 놀란 예옥수는 그 후로 물고기, 새우, 소라 등이 팔리는 걸 볼 때마다 곧바로 사서 방생을 해 주었다. 얼마 지나지 않아 예옥수의 아내는 태기를 느끼게 되었고 이후 다섯 아들을 낳았다.

다섯째, 서방정토에 태어난 사례이다. 중국 후난성에 사는 장 거사는 본래 백정이었다. 그는 매일 아침 돼지를 잡았는데 인근 절의 새벽 종소리를 듣고 작업을 시작했다. 그러던 어느 날 절의 종소리가 더 이상 들리지 않았다. 이상하게 여긴 장 거사가 절에 가서 스님에게 그 이유를 물었더니 다음과 같이 대답했다. "간밤에 이상한 꿈을 꾸었습니다. 꿈에 11명의 사람이 나타나 절에서 종을 울리지 않으면 목숨을 건질 수 있다고 했습니다. 그래서 종을 울리지 않았습니다." 이 말을 들은 장 거사는 문득 짚히는 것이 있었다. 그날 장 거사가 잡으려고 했던 돼지가 정확히 11마리였던 것이다. 이때부터 장 거사는 백정 일을 그만두고 불법에 귀의했다. 그 후 장 거사는 10여 년간 열심히 정진하여 얻은 신통력으로 미래를 읽었고, 이후 정좌한 자세로 열반에 들었다.

성불의 싹을 틔우는 일

앞의 이야기는 방생을 하여 이번 생애에 얻을 수 있는 보답의 예라 할 수 있다. 궁극적으로 보자면 이를 통해 언젠가는 성불까지 이르게 될 것이다. 현생에서 자비심을 갖고 방생하면 성불의 싹을 틔울 수 있다. 말한 대로 방생의 공덕은 이처럼 크다.

이렇게 볼 때 정반대의 사정도 미루어 짐작할 수 있다. 즉 살생으로 인한 악행의 인연과보가 어떨지는 재론하지 않아도 잘 알 것이다. 현생에서 단명하고 질병에 시달리며 사는 데 어려움이 많고 자식이 없고 서방정토에서 태어나지도 못하게 된다. 죽은 후에는 지옥에 떨어지고 아귀, 축생으로 태어나 무량겁을 돌면서 말할 수 없는 고통을 받게 되는 것이다. 소, 양, 돼지, 닭, 오리, 물고기, 새우 등을 죽인 이들은 나중에 소, 양, 돼지, 닭, 오리, 물고기, 새우 등으로 다시 태어나게 된다. 반대로 사람에게 죽임을 당한 소, 양, 돼지, 닭, 오리, 물고기, 새우 등은 나중에 사람으로 태어나 반대로 소, 양, 돼지, 닭, 오리, 물고기, 새우 등을 살상하게 된다. 이것이 바로 인연과보의 이치라는 것은 의심할 바 없는 명백한 사실이다.

무량겁을 윤회하며 수많은 고통과보를 받고 비로소 사람의 몸으로 태어났는데 이전과 같은 잘못을 반복하면 다시 단명하고 각종 질병을 얻고 어려움을 겪고 자식을 얻지 못하고 서방정토에 가지 못한다면 이 어찌 어리석다 하지 않겠는가.

앞에서 말한 소, 양, 돼지, 닭, 오리, 물고기, 새우 등은 대표적인 예를 든 것이다. 아래로 파리, 모기, 벼룩, 지네, 개미와 같은 미물에 이르기까지 모두 다 해당된다. 만일 모기 한 마리라도 고의로 죽이게 되면 위에서 말한 고통스런 과보를 받게 될 것이니 미물이라고 하여 절대로 가볍게 여기지 말아야 한다.

지금까지 살생의 인연과보가 얼마나 무서운지에 대해 말했다. 바라건대 여러분은 지금부터 살생의 잘못을 통렬히 반성하고 고쳐 열심히 방생에 임하길 바란다.

최근 취안저우 일대에서 많은 방생법회가 열리고 있지만, 한 쪽에서는 여전히 살생하는 사람이 많다. 비록 가족 중 한 사람이 채식을 한다고 해도 다른 식구들은 여전히 닭, 오리, 물고기, 새우 등을 산 채로 사다가 일부러 죽인다.

혼자 살생하지 않는 것에서 한발 더 나아가야 한다. 여러분은 자신과 가족은 물론 이웃 사람에게도 살생하지 말 것을 권해 주기 바란다. 무릇 가족이란 사랑하는 사람이 아닌가? 어찌 그들이 잔인하게 살생하여 훗날 엄청난 과보를 받게 되는 것을 좌시만하고 있겠는가? 부디 나의 충고를 깊이 생각해 보기 바란다.

죽음 앞에 당당하라

⊛　　　　　　　　　인광 법사께서 이렇게 말씀하셨다.

"요즘 전투기 소리, 폭탄과 대포 소리가 끊이지 않는다.[01] 이런 상황에서도 응당 불보살의 명호를 부르며 정진해야 할 것이다."

"죽음 앞에 당당하지 않으면 재앙에서 벗어나기 어려울 것이다."

"만약 업보를 피할 수 없다면 차라리 어려운 운명을 당당히 감수하는 것이 서방정토에서 태어날 수 있는 길이다."

법사의 말씀을 자세히 설명해 보겠다.

---

01   1937년 중일전쟁으로 위급한 상황이었다.

사람들은 아미타불의 명호를 부르며 염불하면 서방정토 가는 데 도움이 된다는 것은 알지만 현세에서도 이익이 됨을 알지 못한다. 하지만 예로부터 고승 대덕들은 경이나 논의 설명을 빌어 아미타불의 명호를 부르면 열 가지 이익이 있다고 역설했다. 관세음보살의 명호를 부르면 현세에 이익이 있다는 것을 알기에 사람들은 불보살의 명호를 부르며 재앙과 위험에서 피하려고 한다. 사람들은 여기에 대해서 의심을 품지 않는다.

정해진 업을 피할 수 없다면

사람들은 비행기가 가까이 오면 두려움에 떤다. 하지만 그저 두려워한다고 무슨 도움이 된단 말인가? 또 동굴이나 산으로 피한다고 해서 어떤 도움을 받겠는가? 이보다는 차라리 오로지 부처님이나 보살의 명호를 부르는 편이 나을 것이다.

상황이 매우 위험할 때에는 간절히 불보살의 명호를 부르면 쉽게 감응感應하신다. 만일 어려운 상황을 면하려거든 오직 삼가 불보살의 명호를 부를지어다.

위험할 때나 평상시나 늘 불보살의 명호를 부르면 도움이 된다. 업에는 두 가지가 있다. 만일 정해진 업을 피할 길이 없어 그 업을 기꺼이 받아들여 죽음을 맞이한다면 비록 폭탄에 맞아 죽는다

하더라도 서방정토에 갈 수 있다. 사람들은 제명에 죽음을 맞이한 경우에만 서방정토에 갈 수 있다고만 생각한다. 하지만 일념으로 불보살의 명호를 부른다면 비록 전쟁으로 죽음을 맞이한 경우라 할지라도 불보살이 그들을 반드시 맞이할 것이다. 아무런 고통 없이 서방정토에 왕생할 수 있을 것이다.

모름지기 서방정토는 아무런 고통도 없고 오직 즐거움만 있음을 잊지 말아야 할 것이다. 그곳은 의식의 문제도 없으며 거처는 아름답기 그지없다. 언제나 불보살의 말씀을 들을 수 있으니 가장 좋은 일이다. 따라서 부상을 입어 서방정토에 가는 것은 전화위복의 사례가 될 것이다.

어떠한 사람도 응당 서방정토에 태어나기를 염원해야 한다. 지금 죽음을 두려워하며 살기 위해 전전긍긍해 한다면 오히려 환난을 면하기 어려울 것이고 서방정토에서 영원한 안식을 얻는 것도 불가능할 것이다.

사바세계는 본래 고통으로 가득 찬 곳이다. 지금 생이 고통스럽다면 이전의 생은 더 고통스러웠을 것이다. 이번 생의 고통이 가볍다면 이후의 생들은 더 고통스러울 것이다. 진실로 편안해지고 싶다면 눈앞의 현실을 너무 두려워하지 말고 원대한 시각으로 서방정토를 염원해야 할 것이다.

두려움을 이기는 방법

넓은 시각으로 불법의 근본 뜻을 상기하며 아상, 인상은 물론 눈앞에 보이는 산하며 대지 등 일체가 허망한 것임을 알아야 한다. 폭격기, 대포, 폭탄 등도 모두 공한 것이며 실상이 아님을 깨달아야 한다. 그래서 『반야심경』에서 오온을 두루 비추어 보고 일체고액을 건넌다고 했고, 『금강경』에서는 일체 유위법이 마치 꿈과 같고, 거품과 같고, 그림자와 같고, 이슬과 같고, 번개와 같다고 했던 것이다. 일체를 이와 같이 보아야 한다.

이를 보다 자세히 설명하려면 결국 공가중삼관空假中三觀[02]에서 일심삼관一心三觀[03]으로 나아가야 한다. 하지만 대부분의 사람들은 이러한 이론들을 기껏 이해하는 정도에 그칠 뿐, 막상 수행에 적용해 보라고 하면 매우 어려워한다. 온갖 노력으로 수행에 임해 보지만 결국 힘만 들이고 얻는 바는 적다. 그래서 인광 법사께서 사람들에게 오로지 정토법문만을 닦으라고 권하신 것이다. 왜냐하면 정토법문은 이해하기 쉽고 누구나 실천할 수 있기 때문이다. 나 또한 여러 대중이 정토의 법문을 깊이 믿기를 바란다. 여러분이 마음

---

02 모든 사물은 인연화합으로 생긴 허가虛假로 실체가 아니기 때문에 일체 사물을 모습과 형체로 보지 않는 것이 공관이다. 그러나 일체중생을 제도하고 불성을 성취하기 위해서는 비록 공하다 하더라도 사물의 현상을 인정하고 행을 닦는 것이 가관이다. 두 관을 성취했다고 해도 결국 방편에 불과하므로 일념 가운데 진정한 일체 불법을 깨닫고자 한다면 공관과 가관의 분별을 끊고 중도 정관이 필요한데 이것을 중관이라고 한다.

03 공관, 가관, 중관이 한 번에 열려 삼관이 하나임을 보는 것이다.

을 편안히 하고 불보살의 명호를 부른다면 이와 같은 전쟁의 포화 속에서도 두려워할 필요가 없을 것이다.

지금 일본과의 항전이 계속되고 사방에서 이런 저런 피해를 입고 있지만 이곳 취안저우는 무탈하다. 이것은 여러분이 열심히 불경을 독송한 덕분이다. 하지만 우환이 길어지면 안심하기 어렵다. 반드시 마지막까지 불보살의 명호를 부르며 정진해서 서방정토에 태어날 수 있도록 해야 한다. 이것이야말로 가장 안전한 길이다.

＊ 1938년 취안저우 개원사 강연록.

청년 불자가
주의해야 할 일

❀　　　　　　　양정원이 개원한 지 어언 1년이 넘었다. 대
중적 인지도가 높고 인기도 대단하다. 이는 아마 서금瑞金 법사의
창건과 더불어 여러 스님들의 각고의 노력이 있었기 때문이 아닐
까 생각한다.

　이번에 샤먼에 와 보타사에 방문할 기회가 있으니 기쁘기 그
지없다. 경내를 살펴보니 모든 것이 훌륭하다. 구석구석까지 정갈
하게 잘 정리되어 있으니 내 경험상 이 정도로 잘하고 있는 곳은
정말 드물다.

　내가 취안저우의 초암에서 와병 중일 때 보내 주신 여러분들
의 편지를 기억하고 있다. 모두들 서명까지 해 나의 쾌유를 기원해
주었고, 그중 몇 분은 7일 동안 염불을 하면서 나 대신 참회를 해 주

셨다고 들었다. 그 소식을 듣고 정말 감동했다.

나는 몇 달 뒤 구량위鼓浪嶼의 일광암日光岩으로 들어가 홀로 정진할 생각이다. 아마 상당 기간 나오지 못할 것 같아 오늘 이런저런 말씀을 드리려고 한다.

복 한 조각도 아끼는 마음

내가 오늘 여러분과 이야기하려는 것은 크게 네 가지이다. 첫째 석복惜福, 둘째 습로習勞, 셋째 지계持戒, 넷째 자존自尊이다. 이 네 가지를 청년 불자들은 마땅히 주의해야 한다.

석복惜福

한자의 의미를 생각해 보면 '석惜'은 '애석하다'는 뜻이고 '복福'은 말 그대로 복을 받았다고 할 때의 '복'을 말한다. 즉 우리가 복을 받았다고 생각한다면 이를 소중히 여겨 아끼는 마음이 있어야 한다는 것이다.

우리가 사는 이 시대가 말세未世라는 점을 반드시 기억해 주기 바란다. 말세에 태어나면 당연히 우리가 받을 수 있는 복도 부족한 법이다. 그런데 이렇게 적게나마 받은 복을 아껴서 사용하지 않고 함부로 써 버린다면 나중에 지대한 고통을 받게 될 것이다. 그래서 옛 사람들은 "즐거움이 극에 달하면 슬픔이 온다."고 말했다.

　나는 우리집 대청마루 큰 기둥에 달아 놓았던 대련이 지금도 기억난다. 어렸을 때 아버지께서 다른 사람에게 부탁해 받은 대련에 "음식을 아끼고 옷을 아끼는 건 재물을 아껴서가 아니가 내가 받은 복이 아까워서라네[惜食, 惜衣, 非爲惜財緣惜福]."라는 글이 적혀 있었다. 이 구절은 청나라 유문정공劉文定公의 문장으로 어렸을 때 형이 자주 이 구절을 외우도록 시켰기 때문에 나는 이 구절을 늘 마음에 새기고 다녔다. 그래서 자란 후에도 옷을 입거나 밥을 먹을 때 자연스럽게 주의하는 마음을 갖게 되었다. 그래서 밥알 하나도 감히 멋대로 버리지 않았다. 또한 어머니께서는 항상 나에게 옷을 더럽히지 않도록 주의를 주었다. 어머니와 형은 내가 물건을 아끼지 않아서 복이 달아나 단명할까 늘 걱정했기 때문에 신신당부했다.

　나는 일곱 살 때 글자 공부를 하면서 아무렇게나 글을 쓰고 종이를 전혀 아끼지 않았다. 어느 날 어머니께서 이런 내 모습을 보고 엄하게 꾸짖으며 다음과 같이 말하였다. "네 아버지는 평소에 이렇게 큰 종이를 엉망으로 만든 적이 없으셨고, 손바닥만 한 종이 조각 한 장도 버리는 모습을 본 적이 없다." 어머니의 이 말은 바로 받은 복을 아끼라는 뜻이었다.

　어릴 때 받은 이런 가정교육은 머릿속에 깊이 자리 잡았기 때문에 성장해서도 물건을 아끼지 않은 적이 한 번도 없었다. 이런 습관은 출가 후에도 계속 되어 지금까지도 유지하고 있다.

비록 내 물건들은 모두 오래 되어서 헤진 곳이 많지만 꿰매면 새 것과 같은 기능을 할 수 있다. 아마 내가 죽을 때까지도 쓸 수 있을 것이다. 다만 내가 입은 가사와 짚신은 5, 6년에 한 번씩 바꾼다. 이 외의 물건은 모두 출가 전에 쓰던 것이거나 출가 초기부터 사용하던 것이다.

이전에는 많은 분들이 나에게 옷이나 좋은 물건을 선물해 주었다. 마음은 고맙지만 받은 선물 대부분을 다른 사람에게 준다. 왜냐하면 내가 받은 복으로는 좋은 물건을 감당하기 어렵다고 생각하기 때문이다. 음식도 마찬가지이다. 병이 들어 아플 때를 제외하면 나는 감히 입에 좋은 음식을 넣지 않는다.

복을 아끼라는 주장은 나 혼자만 권하는 것이 아니다. 정토종의 대선사인 인광 법사께서도 그렇게 말씀하셨다. 어떤 사람이 귀한 흰 목이버섯을 선물했는데 당신이 드시지 않고 관종사觀宗寺의 체한諦閑 법사께 보내드렸다. 어떤 사람이 인광 법사께 물었다. "스님, 스님께서는 왜 좋은 것을 드시지 않고 다른 사람에게 주십니까?" 그러자 스님은 이렇게 대답했다. "나는 복을 적게 타고난 사람이라 그런 좋은 물건을 스스로 감당하지 못하기 때문이라네."

인광 법사는 참으로 강직한 성품을 타고 나신지라 평소에 사람들을 만나도 '된다', '안 된다'는 간단한 말씀으로 끝내시고 인정

사정 돌아보지 않는 분이다. 몇 년 전에 어떤 제자가 오랜만에 스님을 뵈러 왔었다. 이 제자는 구량위의 매우 유명한 스님으로 인광 법사와 같이 식사를 하는 중에 아마 먼저 식사를 마친 모양이다. 우연히 제자의 밥그릇에 밥알이 한두 알 남아 있는 것을 본 인광 법사는 그 자리에서 다음과 같이 큰소리로 혼을 냈다고 한다.

"네가 도대체 얼마나 많은 복을 탔길래 이렇게 마음대로 밥알을 버리는 게냐? 당장 다 먹어 치우지 못하겠는가?"

여러분, 나의 말을 꼭 기억해 두길 바란다. 우리 중에 큰 복을 타고난 사람이 있다고 해도 그 복을 조금씩 아껴 써서, 남은 복은 나중에 쓸 수 있도록 해야 한다. 대결정심을 내 여러 중생들에게 보시하여서 나누어 쓰도록 하면 더 좋지 않겠는가.

노동은 인류의 본분

습로習勞

'습習'은 '연습'이요, '노勞'는 '노동'을 말한다. 즉 글자 그대로 '노동하는 연습'이다. 우리 몸을 보면 위에는 두 개의 손이, 아래에는 두 개의 다리가 달려 있지 않은가? 두 개의 손과 다리는 왜 달려 있을까? 바로 노동을 하라고 붙어 있는 것이다. 그런데도 만약

이 두 손과 두 다리를 사용하지 않는다면 이는 곧 두 손과 다리에 부담을 주는 것일 뿐만 아니라 신체 다른 부위에도 해를 끼치는 것이다. 바꾸어 말하자면 노동을 해야 몸도 건강해진다. 우리는 노동이 바로 인류의 본분임을 알고 있다. 노동은 출가자들 신분에서 수련을 위해 해야 하는 것만이 아니라 부처가 된 후에도 끊임없이 해야 한다. 지금부터 여러분에게 부처님이 하신 노동에 대해 이야기하겠다.

아마 여러분들은 당시 부처님이 지금의 주지스님과 비슷하다고 생각할 것이다. 부처님의 의발을 담당하는 사람과 시자가 있어 늘 부처님 분부를 대기했을 것이며, 따라서 부처님은 손 하나 까딱하지 않으셨을 거라고 상상하겠지만 실상은 그렇지 않다. 기록에 따르면 부처님은 도량 바닥이 청결하지 않으면 스스로 비를 들고 청소하셨다고 한다. 이런 부처님의 모습을 보고 제자들도 나와서 같이 청소했고, 깨끗해진 주위를 보신 부처님께서도 이에 기뻐하셨다고 전한다.

부처님께서 제자 아난 존자와 먼 길을 떠나셨을 때의 일이다. 우연히 길바닥에 취해 쓰러져 있는 제자를 발견하셨다. 이 제자는 이미 너무 취해서 인사불성 상태였다. 부처님께서는 아난 존자에게 그 제자의 다리를 잡게 하고 부처님은 제자의 머리를 들어서 우물가로 들어다 놓았다. 그러고는 두레박으로 물을 길어 아난 존자에게 그를 깨끗이 씻기도록 하셨다.

하루는 산문 앞에 나무로 된 문미門楣가 부서져서 부처님께서 직접 수리를 하셨다. 또 한 번은 제자 한 명이 병이 났는데 아무도 그 제자를 보살피지 않았다. 이에 부처님은 그 제자에게 물었다.

"네가 병에 걸렸는데 보살펴 주는 자가 없는 이유는 무엇인가?"

그러자 제자가 대답했다.

"전에 다른 사람이 병에 걸렸을 때 저는 마음을 내어 그들을 보살피지 않았습니다. 그 일 때문에 사람들이 병에 걸린 저를 보살피지 않는 것 같습니다."

부처님께서 이 말을 들으시고 다음과 같이 말씀하셨다.

"다른 사람들이 와서 너를 보살피지 않는다면 내가 너를 보살피겠다."

그리하여 부처님께서는 그 사람의 대소변을 다 받아 내시며 깨끗하게 씻겨 주신 것은 물론 그의 이불도 깨끗하게 정리해서 다시 자리에 눕혔다고 한다.

이처럼 부처님도 노동을 하셨다는 것을 알 수 있다. 즉 부처님께서는 지금의 승단처럼 매사에 남의 도움을 받아 일을 처리하고, 자신은 받아먹지만 않으셨던 것이다. 물론 이 이야기들은 모두 경전에 나와 있으며 결코 지어낸 것이 아니다.

여러분도 부처님을 본받아 매사에 스스로 노동하여 해결하고 남에게 의지하지 않기를 바란다.

스스로 위대해지는 것에 대하여

지계持戒

'지계'가 무슨 뜻인지 모르는 분들은 아마 없을 것이다. 그럼에도 불구하고 우리는 감히 보살이니 부처님이니 하는 위치까지 이야기하지 말고 우선 내세에 다시 사람으로 태어날 수 있도록 가장 낮은 목표치를 잡고 이야기해도 역시 오계를 수지해야 한다. 하지만 안타깝게도 요즘 수계를 한 사람 대다수가 그저 이름만 걸어놓고 있을 뿐이지 철저하게 오계를 수지한 사람은 적다.

수계를 하고 계를 지키지 않는 사람은 계를 받지 않은 사람보다 죄가 무겁다는 점을 분명히 알아야 한다. 그래서 나는 사람들을 만날 때마다 스스로 지키기 어려운 계는 무리하게 받지 말 것을 권한다. 아무렇게나 계를 받고 계를 수지하는 것을 소홀히 하는 분들을 지켜보자니 참으로 가슴이 아프다.

여러분 스스로 역량에 따라 수지할 수 있는 만큼의 계를 받는 것이 가장 좋다. 계를 어긴다면 그것이야말로 번뇌를 자초하는 것이다.

자존

'존尊'은 존중이다. 그래서 '자존'은 스스로를 존중한다는 뜻이다. 그런데 다수의 사람들은 다른 사람이 자신을 존중해 주길 바란다. 많은 사람들이 자신을 존중할 줄 모른다. 남들에게 존중받는 일은 먼저 그 자신이 스스로를 존중하는 데에서부터 비롯된다는 것을 모른다.

그렇다면 어떻게 자신을 존중해야 할 것인가? 그 답은 스스로 위대한 사람이 되고, 스스로 대단한 사람이 되는 것이다. 여러분들 개개인이 스스로 청정한 고승이 되는 것이다. 역대 고승에 대한 전기를 읽고 그분들이 어떻게 행했는지 참고해 따라 행하는 것이다. 이른바 "그는 장부이나 나 또한 장부이다."라는 말과 같이 그분들도 고승이 되었으니 나 또한 고승이 될 수 있다는 마음으로 말이다.

예를 들어 스스로 위대한 보살이 되겠다고 마음을 먹었다 생각해 보자. 그럼 불경에 쓰여 있는 보살행을 그대로 따라서 해 본다. 이것이 바로 자존이다. 다만 '자존'과 '거만'은 차이가 있다. '거만'이란 망령되이 스스로를 존대하는 것이다. 눈앞에 뵈는 것이 없이 멋대로 행하는 것이다. 이에 비해 '자존'은 스스로 자신의 덕업德業을 증진시키는 것이다. 따라서 '자존' 안에는 남을 업신여기는 마음이 티끌만큼도 없다.

여러분은 스스로를 아직은 어린 승려니까 '모든 것을 편하게 해도 되지 않나' 하고 생각해서는 안 될 것이다. 이와 동시에 스스로를 '평범한 출가자 중의 한 사람이므로 언감생심 위대한 고승이나 보살이 되겠다는 생각을 낼 수 있겠나?' 하고 생각해서도 안 된다. 모든 일은 결국 자기 자신이 결정해서 자신이 하는 것이다. 따라서 숭고한 지향점이 있다면 그것을 해 내지 못할 이유가 없다.

그러니 부디 '나 같은 이가 어찌 위대한 고승이나 보살이 될 수 있겠어?'라는 생각을 하지 말기 바란다. 그러한 생각은 결국 일을 처리할 때도 대충대충 되는대로 하게 만들고 심지어 자포자기하여 나락으로 떨어져 버리게 하니 이처럼 위태로운 일이 또 있겠는가? 여러분이 비교적 어리다고는 하나 뜻과 기상만큼은 높지 않으면 안 될 것이다.

마지막으로 한 가지 더 말하고자 한다. 우리는 모두 머리를 깎고 출가한 출가자이다. 우리가 처한 위치는 매우 존귀하다. 우리가 이렇게 머리를 깎고 가사를 입었다는 것은 이러한 형식을 통해서 우리가 이 세상의 사표師表가 되었음을 상징적으로 드러낸 것이다.

* 1936년 정월 남보타사南普陀寺 불교양정원佛敎養正院 강연록.

안거의 규칙

☉   옛 사람들이 안거에 들 때에는 대개 전적
으로 선정에 들거나 염불을 하기 위해서였다. 삼장三藏을 연구하
고자 할 때에는 굳이 안거에 들지 않았다. 여러분들이 이번에 안거
를 하게 된 것은 실로 얻기 힘든 기회이다. 응당 매일 일정하게 시
간을 안배하여 수행하되 3분의 2의 시간은 염불송경念佛誦經하고
남은 시간은 각자 업장을 녹이고 속세의 문장을 익히길 바란다. 비
록 안거 시에 불경을 연구한다고 해도 당장 큰 성과를 얻지는 못
하겠지만 훗날 조금씩 연구를 해 나가는 데 도움이 될 것이다. 염
불은 정말이지 소홀히 할 수 없는 일이다. 평소 교敎를 공부할 때
모든 생각을 가라앉히고 염불에 집중하는 것이 얼마나 어려운 일
인지 해 본 사람은 안다. 그러니 이 또한 억지로 해서는 안 될 일이

다. 이 점이 매우 중요하다.

안거 시 독경은 평소대로 하면 된다. 또 매일 각자의 상황에 맞게 부처님께 절을 하기 바란다. 이렇게 하면 공덕이 쌓일 뿐 아니라 운동도 된다. 안거 시에는 운동량이 너무 적기 때문에 소화가 잘 안될 때 절을 하고 걸으면서 송경誦經하면 좋다.

매일의 일정은 대체로 다음과 같이 하면 된다.

① 조식 공양 전 염불한다. 이때 소리를 내도 되고 묵독해도 된다.

② 조식 공양 후 약간의 휴식을 취한다.

③ 예불과 송경을 한다.

④ 9시부터 11시까지 불경을 연구한다.

⑤ 점심 공양 후 휴식을 취한다.

⑥ 오후 2시부터 4시까지 불경을 연구한다. 다만 연구는 하루에 4시간 이상 하지 않는다.

⑦ 오후 4시 반부터 예불과 송경을 한다.

⑧ 황혼녘 이후부터는 염불에 전념한다.

⑨ 밤에는 불을 켜지 않아도 무방하다. 오직 부처님 앞에 유리등 하나만 올리면 된다.

3년간 『계본戒本』과 『표기갈마表記羯磨』 6편을 읽어도 좋다. 속도는 반년에 한 번씩 읽는 계획을 세워도 좋다. 옛날 남산종南山宗의 율조律祖께서는 율법을 12번 들어도 권태를 느끼지 않았다고 하니 하물며 우리 같은 범부에 있어서는 말할 나위가 없을 것이다. 『계본』이나 『표기갈마』는 내용이 매우 분명하여 기억하기 쉽다. 이것을 잘 기억해 두면 안거를 마치고 나온 후에 『행사초』 등 배우기 쉬울 것이다. 속세의 문장은 사서四書와 역사서 등을 배우면 될 것이다. 자전字典은 마땅히 전체를 다 공부해야 하겠으나 만일 틈을 내기 어렵다면 일부는 빼고 공부해도 무방하다. 왜냐하면 이 정도는 안거 후에 배워도 문제가 없기 때문이다. 하지만 염불은 밖으로 나오면 배우기 어려워 꼭 원칙대로 해야 한다.

이밖에 안거 시 주의할 점을 언급하자면 다음과 같다.

① 도반들과 한담을 나누지 말라.
② 손님을 만나지 말라.
③ 편지를 주고받지 말라.

오직 안거에 집중하라. 다른 일체의 일은 안거를 마친 후 처리할 수 있다. 때는 다시 얻기 어렵고 시간은 흘러간다. 잊지 말지어다! 잊지 말지어다!

나는 됨됨이도 부족하고 학문 또한 부족하다. 간절한 마음으

로 전하노니 당부한 내용 잊지 말고 실천하기를 바라고 바라는 바
이다.

＊ 1925년 4월 1일 연음서인演音書印.

죽음을 맞이하는 자세

1932년 12월, 샤먼 묘석사 염불회에서 강연을 부탁받았다. 마침 아는 법사 한 분이 병으로 고통스러워해 이 글을 보여 드렸더니 만감이 교차하는 듯 보였다. 마침내 그는 약을 끊고 마음을 털어 염불에 집중하기 시작했다. 병든 몸을 일으켜 대참회의 예불을 올리고 큰 소리로 염불하며 부처님 전에 엎드려 용맹정진하는 모습이 진실로 남달랐다. 이 모습을 지켜본 자들 중 감동하여 찬탄하지 않은 이가 없었다.

이 글의 내용은 간단하다. 옛 선현의 좋은 말씀과 나의 경험을 합해 만든 것이다. 혹시라도 다른 사람들에게 도움이 될까 하여 여기에 싣는다.

(1) 머리말

옛 시에 이르기를 "타인의 죽음을 보니 내 마음 불 같이 뜨거워지네. 그 사람 때문에 뜨거워진 것이 아니라 내 차례가 다가오기 때문이라네."라고 하였다. 인생 최후의 대사인 죽음을 어찌 한 순간이라도 잊을 수 있으리오! 이에 총 여섯 개의 장으로 나누어 이를 설하고자 한다.

(2) 병이 위중할 때

병이 위중한 상태면 일체 집안일이나 자신의 몸에 대한 생각을 다 놓아 버려야 한다. 그러고는 일심으로 염불하며 서방정토 왕생을 구해야 한다. 이미 나이가 든 자라면 죽음을 각오해야 하고 아직 젊은 사람이 죽음을 각오하면 병은 오히려 나을 수 있다. 마음이 지극히 정성스러우므로 숙세宿世의 악업을 소멸시킬 수 있기 때문이다. 만일 일체를 놓고 염불에 전념할 수 없는 자라면 설사 나이가 들었다 해도 죽음을 받아들이지 못한다. 이런 사람들은 병에서 낫게 해 달라고 기도할 뿐 극락왕생을 기원하지 않기 때문에 도리어 극락에 가지 못한다. 또 젊은이가 마음으로 병이 낫게 해 달라는 기도만 할 때에는 두려움이 생겨 빨리 낫지 않을 뿐 아니라 도리어 고통만 심해진다.

물론 위중하지 않을 때에는 약을 먹는 것이 좋지만 이런 때조차도 정진염불을 하는 순간에는 약을 먹어 완쾌될 거라고 생각하지 말아야 한다. 위중해지면 약을 먹지 않아도 좋다. 예전에 나도 병에 걸려 몸져누운 적이 있었다. 이때 검진과 약을 권하는 이가 있었으나 나는 사양하며 이렇게 말했다. "아미타불은 위없는 의사의 왕이십니다. 이분을 버리고 찾지 않는다면 미친 짓이겠지요. 또 약사여래는 위없는 약사의 왕이십니다. 이분을 버리고 찾지 않는다면 이또한 큰 잘못이겠지요." 이처럼 나는 평소에 정토법문을 굳게 믿었기 때문에 병에 걸린 상황에서도 다른 사람에게 침착하게 말해 줄 수 있었던 것이다.

만약 병이 위중하고 고통이 심한 상태라 하더라도 놀라 당황하면 안 된다. 이 고통은 숙세의 업장을 소멸하는 과정 혹은 미래에 받게 될 삼도의 고통을 지금 생애에 받아 경감될 수도 있다.

병이 위중하다면 자신의 의복과 물건을 타인에게 보시하는 것도 좋다. 그래야 복을 짓게 된다. 병이 위중하나 그래도 정신이 맑은 경우라면 선지식을 청해서 설법을 듣는 것이 힘을 모으고 위안을 얻는 데 좋다. 옆에서 병을 수발하는 사람은 병자가 평생에 했던 선행에 대해서 일일이 이야기해 주고 찬탄해 주는 게 좋다. 병자의 마음에 기쁨과 환희가 생겨 의혹과 염려가 사라지고 죽은 후에 자신이 했던 선업을 이어 극락왕생할 수 있다는 확신을 갖게 된다.

(3) 임종 시

임종 때에는 가족을 불러 이것저것 묻거나 한담 또는 잡담을 하지 말아야 한다. 왜냐하면 대화를 하다 보면 이것저것 미련이 생기기 마련이고 이승에 대한 집착이 생길 수 있기 때문이다. 이것은 왕생往生에 방해가 된다. 만일 가족을 불러 묻고 당부할 일이 있다면 평소 몸과 마음의 상태가 양호할 때 미리 적어서 다른 사람에게 맡겨 두는 것이 좋다.

만일 스스로 목욕하고 옷을 갈아입고 싶다면 하고 싶은 대로 해도 된다. 다만 억지로 할 필요는 없다. 보통 사람들은 임종 시 대개 신체적인 고통이 수반된다. 이때 억지로 자리를 옮겨 병자를 씻기고 옷을 갈아입힌다면 그 고통이 극심할 것이다. 임종 시 가족들이 억지로 자리를 옮기고 소동을 피워 정념正念을 방해하는 바람에 극락왕생을 이루지 못한 자가 셀 수 없이 많다. 또 임종 시 선도善道를 내고자 하였으나 옆에 있던 다른 사람들이 잘못 만져서 그 고통으로 느낀 순간의 분노로 악도惡道에 떨어진 사람도 매우 많다.

임종 시에는 누워서 임종을 맞을 수도 있고 앉아도 맞을 수도 있다. 정해진 것은 없고 각자 편한 대로 하게 해야지 강요하면 안 된다. 만일 기력이 쇠약한 사람이라면 남들 보기 좋으라고 억지로 자리에서 일으켜 앉히지 말고 침상에서 임종을 맞게 해야 한다. 방향도 물론 서쪽을 보고 오른쪽 어깨를 모로해서 누우면 좋겠으나 육체적 고통을 느끼는 상황이라면 반듯이 눕거나 동쪽으로 누워도 상관없다. 다 자연스러움에 맡기면 된다.

아미타불상을 모셔다 병실에 놓고 대중들은 아미타불을 향하게 한다. 임종을 지키며 염불하는 사람의 숫자는 구애받을 필요가 없다. 만일 사람이 많다면 조를 나누어 교대로 돌아가면서 염불하며 염불이 끊어지지 않게 한다. 6자, 4자 따질 필요도 없다. 속도가 빨라도 좋고 느려도 좋다. 다만 병자에게 물어볼 필요는 있다. 평소에 즐겨 읊었던 경이나 주문이 무엇인지 물어보고 그가 좋아하는 것으로 하면 된다. 그러면 병자도 그들을 따라 마음속으로라도 암송할 수 있을 것이다. 요즘에는 임종을 지키는 사람들이 병자에게 묻지 않고 자기들이 일방적으로 정해서 염불하는데 이는 매우 안타까운 일이다. 평소에 자신이 즐겨하던 것이 아닌 낯선 것을 병자가 어떻게 따라서 암송할 수 있겠는가? 부디 이 부분을 꼭 염두에 두기 바란다.

임종을 지키는 사람들 대부분은 인반引磬과 목어木魚를 치면서 염불을 한다. 하지만 나의 경험에 비추어 볼 때 병중에 신경이 쇠약한 사람들은 인반이나 목어 소리를 심히 두려워한다. 왜냐하면 그 소리가 자극적이어서 도리어 심신을 불편하게 하기 때문이다. 차라리 사람의 염불 소리가 가장 좋지 않을까 한다. 큰 종이나 큰 경쇠, 대목어, 인반이나 작은 목어를 사용하는 것도 효과가 좋을 것이다. 이것들은 소리가 웅장하기 때문에 병자의 마음을 숙연하게 하고 분위기를 엄숙하게 한다. 하지만 사람마다 기호가 다른 법이니, 먼저 병자에게 물어보고 병자의 기호에 따라 하는 것이 제일 좋다. 또 늘 상황에 맞게 고쳐 가며 시행할 일이지 한 가지 원칙을 정해 놓고 그것을 고집할 필요는 없다.

(4) 임종 당일

이미 임종했다면 망자를 급히 다른 곳으로 옮기지 않는 것이 가장 중요하다. 비록 사망할 때 불결한 것이 묻어 있다 하더라도 급히 씻어 내지 말아야 한다. 반드시 8시간이 지난 후에 몸을 씻기고 옷을 갈아입혀야 한다. 사람들은 대개 이 점을 소홀히 하고 있으나 이 일은 매우 중요하다.

임종 전후에 가족들은 절대로 울면 안 된다. 울어 봤자 무슨 소용이 있단 말인가? 차라리 염불에 전념하는 것이 망자에게 도움이 된다. 만일 그래도 울고 싶다면 임종 8시간 후에 우는 것이 좋다. 임종 후 정수리가 따뜻해야 좋은 곳으로 간다는 이야기는 근거가 있는 얘기일 수도 있겠지만, 꼭 그런 것만은 아니다. 평소에 믿음이 깊고 임종 때 정념을 했던 자라면 좋은 곳에 갈 것이다.

임종하고 염불이 끝나면 방문을 잠가야 한다. 이미 언급했지만 망자가 비록 말은 못해도 촉각은 여전히 살아 있어 고통을 느끼기 때문이다. 그래서 반드시 8시간이 경과한 뒤에 몸을 씻기고 옷을 갈아입혀야 한다. 8시간 후에 옷을 입히면 손과 발의 관절이 이미 굳어서 움직이기 어려운 경우도 있다. 이럴 때에는 뜨거운 물로 닦아 주면 된다. 수건을 뜨거운 물에 담갔다가 물을 짠 후, 팔꿈치나 종아리 위에 두르면 오래지 않아 관절이 다시 풀려서 마치 산 사람 같이 된다.

수의는 새 옷을 할 필요가 없으며 비싼 관을 쓸 필요도 거창한 무덤도 필요 없다. 이런 일에 사치를 하면 망자에게 오히려 나쁘다.

(5) 천도

49일 안에 망자를 위한 천도재를 지낼 경우 염불 위주로 하는 것이 좋다. 예를 들어 독경, 참염구懺焰口, 수륙재 등과 같은 것은 비록 불가사의한 공덕이 있다고는 하나 지금 승려들은 문헌에 있는 것을 참고해서 대강대강 졸속으로 행사를 끝낼 뿐 법도대로 제대로 못하므로 실제로는 도움이 안 된다.『인광법사문초』에 누차 이것을 배척하고 경계했는데 그 이유는 형식에만 급급하여 허례허식에 치우치기 때문이다. 만일 참여한 사람 모두 정성껏 염불을 한다면 가장 이상적이며 망자에게 크나큰 도움이 될 것이다.

혹 스님을 청하여 염불을 한다고 해도 가족들도 스님을 따라 염불을 해야 한다. 다만 여성들은 따로 마련된 곳에서 외거나 장막

안에서 외는 것이 좋다. 혹시라도 입을 수 있는 구설수를 미리 방지하기 위함이다.

염불 등 일체의 공덕은 법계의 중생 모두에게 돌려야 한다. 그래야 그 공덕이 넓고 커져 망자가 얻을 수 있는 이익이 늘어난다.

장례 때는 마땅히 채식을 해야 하고 육식은 준비하지 말아야 한다. 잘못하면 다른 생명을 해칠 수 있으며 망자에게도 아무런 도움이 되지 않기 때문이다. 장례 때 만장 등에 쓰는 각종 의례용 문장은 과대포장하면 안 된다. 산자들에게 잘 보이려고 하지 말아야 한다. 이것은 망자의 복을 더는 일이다. 49재 후라도 늘 망자를 위해 공덕을 베풀고 명복을 빌어 줌으로써 효도를 다해야 한다.

(6) 결론

남은 해도 길지 않다. 며칠 후면 음력 12월 30일이다. 우리네 임종은 한 해의 마지막 날과 같다. 만일 왕생 준비를 미리 해 두지 않으면 그때를 당하여 동당거리며 어머니 아버지를 부르며 울부짖어 보았자 그 동안 지었던 수많은 악행의 과보에서 어떻게 벗어날 수 있겠는가? 임종이 비록 다른 사람의 도움에 전적으로 의지하는 것이기는 하지만 평소에 본인이 이상의 것을 잘 알고 있어야 임종시 편안할 것이다. 부디 바라노니 모두들 미리 잘 대비하시기를!

최후의 참회

◈　　　　　　　이곳에 불교양정원을 설립한 지 어언 4년
이 되었다. 여러분이 이곳에 막 왔을 때 여러분들은 아직 어린아이
였고 몸집도 작았다. 그러나 4년의 시간이 흐르는 동안 여러분의
키도 훌쩍 자라 어떤 사람은 나와 키가 비슷해졌을 정도이다. 아!
흐르는 세월은 어찌 이리도 빠른지. 세상에 태어나 유년기에서 장
년기, 장년기에서 노년기까지 비록 수십 년의 세월을 거쳐 간다고
는 하지만 실제로 인생은 너무나 짧다. 나 자신을 놓고 이야기하
자면 어느새 예순 살이 다가온다. 지금까지 살아온 세월을 돌이켜
생각해 보면 여러 가지 일들이 눈앞에 어른거리며 지나간다. 지금
까지의 정회情懷를 돌이켜 생각해 보면 "감히 고개를 들지 못하겠
다."는 한 마디로 정리될 뿐이다.

"접대받는 승려"

나는 늘 이렇게 자문해 보곤 했다. "아, 나는 한 마리의 짐승이란 말인가?" 그러나 질문에 대한 나의 대답은 "아니야, 나는 짐승이 아니야."이다. 그렇다면 나의 타고난 착한 마음은 이미 고갈되었단 말인가? 그것 역시 아닌 것 같다. 아무리 생각해도 없어진 것은 아니다. 왜냐하면 나는 일찍이 한 가닥의 선한 마음이 있었고 그래서 언제나 스스로의 과실에 대해 생각해 왔기 때문이다. 그렇다면 내가 어릴 때부터 지금까지 나쁜 일을 하는데 골몰했을까? 이또한 아니었던 것 같다. 왜냐하면 나는 유년기부터 원료범袁了凡의 『공과격功過格』을 실천해 왔고, 서른 살이 넘은 후에는 수양에 큰주의를 기울여 왔다.

처음 출가했을 때 진리를 향한 마음이 없었던 것은 아니다. 하지만 출가 후 지금까지 돌이켜 보면 내가 생각했던 것들을 제대로 행하지 못한 것도 있다. 왜냐하면 출가 후 20년 동안 갈수록 더 못해졌기 때문이다. 몸은 금수가 아니되 마음은 금수와 별차이가 없었다. 나의 선한 마음이 하루아침에 완전히 고갈되어 버린 것은 아니었으나, 갈수록 정신이 희미해지고 어제보다는 오늘이 더 엉망이 된 것이다. 악념惡念에 대해 이야기하자면 출가 후 점점 더 악념이 늘어나고 선념善念은 어제보다 오늘이 더 줄어들었다고 할 수있다. 이것은 결코 겸손하게 말하는 것이 아니다.

내가 출가 이후 이처럼 타락해 버렸으니 주위 지인들조차 나의 이런 점에 대해 한탄해 마지않고 있다. 특히 내가 민남閩南으로 온 이후에는 이전보다 더 심해졌다. 나는 작년 봄에 양정원에서 강의를 한 적이 있는데 그 제목이 바로 '민남에서의 10년의 꿈 그림자'였다. 그때 강연을 들었던 사람들은 아마도 나의 한 마디 한 마디 속에서 나의 눈물의 흔적을 보았을 것이다.

안타깝게도 올해는 작년보다 더 꼴이 나빠졌다. 정월 스무날 취안저우에 온 이후 두 달 동안 제대로 한 것이 없다. 이런 점은 나 스스로가 봐주기 어려울 뿐만 아니라 나의 친구들도 나에게 문제 제기를 한 부분이다. 친구들은 나에게 이렇게 묻는다. 즉 "이전에는 한가로운 구름 같았고, 들판의 한 마리 학과 같아 홀로 갔다 홀로 오며 머물 곳을 정해 둠이 없이 정처 없이 떠돌고 머물기를 반복했는데 어이하여 요즘에는 왜 그렇게 변했냐?"고 묻는 것이다. 또 이전에는 하지 않던 강연을 그렇게 많이 다니고 자주 사람들을 만나고 수시로 연회에 참석하니 정말이지 '다른 사람 접대나 받고 다니는 승려'로 변했다는 것이다. 이런 말은 다른 사람에게 들은 것이 아니라 바로 내 친구에게 들은 것이다. 아! 돌이켜 생각해 보니 '접대받는 승려'라는 말이 요즘 내 꼴에 꼭 맞는 표현이기는 하다.

열다섯 살 소년의 일침

나는 두 달이나 취안저우에 머물렀고, 이어서 후이안과 샤먼의 장저우에도 갔었다. 이곳에서 한 나의 강연은 모두 앞의 강연 내용을 이어서 진행한 것들이다. 내가 이렇게 강연을 한 것은 첫째, 남을 생각하지 않고 나 자신의 몸만 기르고자 한 것이 아니라면 이름을 탐한 것이었으리라. 일상생활은 명예를 탐하거나 제 몸만 기르려는 데에만 머물러 있었으며 이런 것들을 넘어서는 것은 겨우 두 달 동안 서죽암瑞竹岩에 머물렀을 때에만 그랬을 뿐이었다. 하지만 오래지않아 금세 또 기보정祈保亭에서 선지식을 모시는 데에 부응하여 달려가 많은 선남자 선여인의 예배와 공양을 받았다. 정말이지 너무도 부끄러운 일이라 하겠다.

9월에는 다시 안하이로 와서 한 달을 머물며 법석을 떨었다. 그리고 이번에는 이렇게 취안저우에 왔다. 스스로 생각해 볼 때 이렇게 가면 안 되겠다는 생각을 자주 했고, 번거로운 일들을 줄이고 떠나려는 생각을 간절하게 했다. 하지만 여전히 명리名利를 좇는 길로 나아가고만 있었다.

그런데 매우 다행스럽게도 최근에 융춘에 사는 열다섯 살 소년에게서 편지 한 통을 받았다. 소년은 나에게 앞으로 연회에 자주 참석하지 말고 조용히 수행에만 매진할 것을 권했던 것이다. 그러면서 소년 자신의 최근 생활에 대해 말했다. 시를 읊고 달을 감상하며 꽃을 보고 고요히 좌선을 하는 이야기 등을 편지 가득 써서 보내왔다. 아! 겨우 열다섯 살밖에 안 된 아이가 이처럼 고상한 생각과 올바른 견해를 갖고 있다니! 나는 그 아이의 편지를 읽고 무척 부끄럽다는 생각이 들었다. 그 소년의 편지를 받은 이후 굳건한 결심을 하고 일체의 연회 참석 요청을 거절했다. 초청에 거절한다는 것은 비록 큰 실례를 범하는 일이긴 하지만 개의치 않기로 했다. 이 일이야말로 최근 나에게 있었던 참으로 다행스러운 일이다.

이름을 버리고 다시 길을 나서다

이와 같은 나의 과실은 참으로 많다 하겠다. 머리부터 발끝까지 잘못이 없다는 게 아니다. 비록 연회 참석 요청을 거절했다 하나 이것으로 어찌 다 해결했다고 하겠는가? 더욱이 올해 들어 몇 달 동안 선지식을 사칭하고 다녔으니 불문에 큰 부끄러움을 저질렀다. 혹여 다른 사람들이 나를 용서한다고 할지라도 나 자신은 결코 나 자신을 용서할 수 없다. 단연코 이렇게 대충대충 넘어갈 수는 없는 것이다. 그러므로 요사이 나는 다른 사람들과 이야기할 때 결코 인정을 돌아보지 않으려고 한다. 이에 나는 '법사', '노법사', '율사'와 같은 이름을 모두 버리고자 한다. 아울러 제자나 시자도 모두 사절하고, 혈혈단신으로 처음으로 돌아가고자 한다. 이것이야말로 내 일생의 대결말이라 할 것이다.

　아! 이제 한 달 남짓 지나면 속세의 나이로 만 예순 살이다. 출가한 이후 비록 죄행을 행한 적은 없지만, 지금까지 해 온 일을 돌아보면 지리멸렬하기만 했을 뿐 무엇 하나 원만하게 행한 것이 없다. 양정원 여러 동학들과는 4년을 동고동락했기 때문에 정이 깊이 들어 차마 발걸음이 떨어지질 않는다. 부디 양정원이 부흥하여 전국의 사찰 중에서도 모범적인 강원이 되기를 기원한다. 내가 나이도 많고 도덕과 학문도 부족하여 큰 도움을 드리지 못함을 양해 바란다.

　아! 여러분과 함께한 시간도 저물어 가고 있다. 옛 사람의 시 한 수로 이별을 고하고자 한다.

　　미제로 끝나니 마음에 아쉬움 남지만[未濟終焉心飄緲]

　　만사는 다 결함이 있어야 아름다운 법[萬事都從缺陷好]

　　석양빛이 산 겹겹이 비출 때까지 읊조렸지만[吟到夕陽山外山]

　　고금에 그 누군들 남은 정한 어찌 없으리오[古今誰免餘情饒]

　　＊ 1938년 11월 14일 남보타사 불교양정원 강연록.

여럿과 함께 거하거나 혼자 거하거나,
자신의 재주를 감추고 드러내지 아니하며,
귀머거리나 장님 같이,
바보나 취한 자 같이,
이름도 재주도 묻어 두고,
오로지 지혜를 길러라.
동정動靜을 따라,
분별심을 잊어라.

취엄翠嚴 선사

인정에 끌리어 마지못해 세상일에 이것저것
애써 관여하는 것은 수행자로서
인생 대사를 그르치게 하는 것이다.
아직 도업道業을 이루지 못했는데
시간은 짧고 짧도다.
급히 그대의 재주를 숨기고 오직
일심으로 도를 향하라.
다시는 그르치지 않기를!

『서방확지西方確指』

본래 나도 너도 없는데,
누구 때문에 탐욕을 부리고 화를 내는가?

규봉圭峰 법사

그저 인간이 되고 싶었다

몸과 마음, 눈앞에 펼쳐진 세계 일체를
다 내려놓아라.
고정된 것을 넘어 달관하라.

우익蕅益 대사

다른 사람을 대할 때에는 마땅히 공경심과
정성으로 대하며 하루 중 한 순간이라도
거짓되고 소홀한 마음이 생기지 않도록 하라.
사람을 대할 때에는 오직 충서忠恕의 마음만
가슴에 품고 일체의 시간과 장소에서
나쁜 마음이 일어나지 않게 하라.

인광印光 대사

가르침을 들으면 곧 행할 일이지
어찌 다시 누군가 권해 주기를 기다리는가?

묘십妙什 선사

욕심이 적은 자는 마음이 너그러워 근심이 없다.
또 매사에 여유가 있어 부족함이 없다.

『불유교경佛遺教經』

그대에게 묻노라.
홀연히 임종의 시간이 다가왔을 때,
그대는 무엇으로 생사의 갈림길을 마주할 것인가?

황벽黃蘗 선사

콧등의 검은 점이 거울 속에
보인다 하여 거울을 문질러 본들
콧등의 점이 닦이겠는가?

비석飛錫 법사

지난 일은 이미 지나갔고,
다가올 일도 미리 생각할 필요 없다네.
지금은 그저 지금의 일만 생각해야지,
잘 익은 매실과 치자 향기여,
내일이면 늦으리.

석옥石屋 선사

3

그대는 무엇으로
삶을 마주하는가?

불법은 가장 현묘한
철학이다

불법의 근간은 대보리심大菩提心으로 보리심이란 중생을 이익 되게 하는 마음이다. 따라서 불자는 적극적인 대자비심을 내어 일체중생을 구제하겠다는 큰 원을 세우고 자비를 베풀어야 한다. 그렇지 않으면 불교를 믿지 않는 사람들이 불교는 소극적이고 염세적이고 장례의식에나 관계되어 있다고 오해한다. 자비를 베푸는 것이 먼저다. 불자라면 마땅히 사회에 보탬이 되는 사업들을 적극적으로 해서 일반인들에게 불교가 구세救世를 지향하며 적극적인 종교임을 알게 해야 한다.

혹자는 불경이 공허한 말이 많다고 하지만 어찌 그러하겠는가? 대보리심이란 바로 자비심과 지혜를 말한다. 자비란 앞서 말한 것과 같고, 지혜란 아상我相에 집착하지 않는 것이므로 '공空'하다고 부른다. 즉 무아無我의 위대한 정신으로 중생에게 이익을 주는 각종 일들을 하는 것이다.

보통 사람들은 아상에 집착한 채 중생에게 이익을 주려고 하므로 한계가 있을 수밖에 없다. 그래서 그들의 노력은 범위가 좁고 오래 가지 못하며 철저하지 못하다. 중생에게 보탬이 되는 능력을 키우고 범위를 넓히며 지속적으로, 철저하게 하고자 한다면 불법을 공부하지 않고는 불가능하다.

대자대비의 참의미를 이해할 때 비로소 중생을 이롭게 하고자 하는 일들이 제대로 된다. 따라서 이른바 '공'이란 아상의 집착을 철저히 제거한 후에 무아의 정신으로 중생에게 이익이 되는 일을 실천하는 것이다. 세속에서 중생에게 이익 되는 일을 하려면 먼저 불량한 훈습을 하나하나 되짚어 보며 좋은 습관을 세운 후 비로소 실천 가능하다.

불법의 체계와 정신을 종합적으로 이해한다면 불교가 소극적이라는 사람들의 편견이 그릇되었다는 사실을 저절로 알게 될 것이다. 불법은 진정 우주와 인생의 인과관계를 말해 주고 있기 때문이다. 세간의 일체 오류를 걷어 내고 정견正見을 갖게 해 준다. 미신迷信에서 바른 믿음으로, 악행惡行에서 정행正行으로, 환각幻覺에서 정각正覺으로 이끈다. 세계 일체의 각종 종교나 학문으로도 보완할 수 없는 것들을 다 메워 준다. 일체중생에게 깨달음의 가피를 골고루 입게 하며 그 누구도 배제하지 않는다. 그래서 중국뿐 아니라 서구에서조차 불교와 불교 연구 열풍이 불고 있는 것이다. 최근 출간된 불교 서적과 잡지의 수가 그 인기를 보여 준다.

따라서 나는 앞으로 불자들이 불법의 진리를 철저히 연구하고 열심히 실천해서 불자라는 이름에 부끄럽지 않은 사람이 될 것을 진심으로 소망한다. 아직 불법을 믿지 않는 자들 또한 하심下心의 태도로 불법을 열심히 연구해 본 후에 불교를 재평가하기를 바란다. 이것이 나의 소원이다.

불법의 세계,
불법의 갈래

불법의 종파 가운데 어떤 종파는 교의가 심오하고 깊어 이해와 실천이 어렵고 계승하는 것도 쉽지 않다. 그렇다면 과연 어떤 법문이 사람들이 쉽게 이해하고 실천하며, 실제 그들에게 도움을 주는 것일까?

불법의 세계는 넓고 깊으며, 한편으로는 얕기도 하다. 그래서 옛 고승들은 버릴 것은 버리고 취할 것은 취하여 적절히 선택했던 것이다. 이 문제에 대해서 당나라 규봉圭峰 선사는 『화엄원인론華嚴原人論』에서 인천교人天教, 소승교小乘教, 대승법상교大乘法相教, 대승파상교大乘破相教, 일승현성교一乘顯性教 등 오교五教를 정하고 다음과 같이 말했다.

우리 같은 보통 사람들은 쉽고 분명한 것을 따를 일이다. 인천 교를 뺀 나머지 4교는 의미가 높고 깊어 이해하기 어렵다. 또 설사 이해한다고 해도 실천하는 것은 어렵다. 따라서 사회에 불법을 보급하기 위해서는 역시 세법世法을 빌어 생각해 보는 것이 가장 적합하다.

그러면 도대체 인천교는 무엇 때문에 나온 것인가? 흔히 사람들은 취생몽사하면서 살아간다. 빈부귀천, 길흉화복은 이미 운명으로 정해져 있으며 인과응보와는 관련이 없다고 생각한다. 또 설사 인과응보론에 관심이 있다고 해도 대부분 현세의 문제와 연결짓는 데에 그치고 만다. 이렇게 본다면 현세의 악인 중 부유한 자가 있고 선인 중 가난한 자가 있으며, 악인이 장수하는데 선인이 단명하거나, 악인은 자식이 많고 다복한데, 선인이 자식이 없어 후사가 끊기는 이러한 현상을 어떻게 이해할 것인가? 이런 문제에 의혹을 갖는 사람들을 위해서 불법에서는 삼세업보, 선악인과를 말해 주니 이른바 인천교가 이것이다.

아래에서 삼세업보와 선악인과에 대해 나누어 설명하겠다.

삼세업보

삼세업보란 현보現報, 생보生報, 후보後報를 말한다.

① 현보: 금생에 선악을 지어 금생에 과보를 받는다.

② 생보: 금생에 선악을 지어 다음 생에 과보를 받는다.

③ 후보: 금생에 선악을 지어 다다음 생이나 그 이후에 과보를 받는다.

이렇게 볼 때 악인 중 부유한 이가 있고 선인 중 가난한 이가 있는 것은 이상한 일이 아니다. 비록 금생에 과보를 바로 받지 못하는 경우가 있다고 해도 우리 모두 열심히 선행을 닦아 다음 혹은 그 다음 생에 좋은 과보를 받을 수 있도록 준비해야 한다.

선악인과

선악인과란 악업, 선업, 부동업不動業이 그 원인으로 무엇이 악업이고 무엇이 선업인지 일일이 다 일컫기는 복잡하나 대략 언급하자면 각각 10가지로 나눌 수 있다. 부동업은 색계와 무색계에서 닦는 선정을 이른다. 아래에 삼인육과三因六果를 나열해 보겠다.

○ 악업

상품 ········· 지옥

중품 ········· 축생

하품 ········· 귀鬼

- 선업

  하품 ……… 아수라

  중품 ……… 인간

  상품 ……… 욕계천欲界天

- 부동업

  차품 ……… 색계천色界天

  상품 ……… 무색계천無色界天

악업과 선업을 각각 구분해 보면 다음과 같다.

악업

악업을 일삼는 자는 경중에 따라 지옥, 축생, 귀도 중 각각 한 곳에 떨어지게 된다. 과보를 다 받은 후에 다시 인간으로 태어나게 되더라도 다 갚지 못한 업보는 그대로 남아 있다. 『화엄경』에 기록되어 있는 것을 정리해 보면 다음과 같다.

- 살생殺生: 단명, 다병
- 투도偸盜: 빈곤, 재물에서 자유롭지 못하다.
- 사음邪淫: 정숙한 아내를 얻지 못하고, 식구들이 말을 잘 들

지 않는다.

- 망어妄語: 비방을 많이 듣게 되고 송사에 자주 휘말린다.

- 양설兩舌: 식구들이 흩어지고 악행을 짓게 된다.

- 악구惡口: 늘 나쁜 소리를 듣게 되고 송사에 휘말리게 된다.

- 기어綺語: 사람들이 내 말을 믿지 않는다. 말을 해도 그 뜻이 제대로 표현되지 않는다.

- 탐貪: 만족을 모르고 욕심을 그칠 수 없다.

- 진瞋: 늘 남들에게 평가를 당하고 늘 남들로부터 피해를 받게 된다.

- 치癡: 남들에게 사악한 피해를 입는다.

선업

악을 그치는 것을 선이라 한다. 지악止惡을 통해서 다음의 10선이 생겨난다.

- 불살생: 생명을 구해 주고 보호해 줌

- 불투도: 재물을 보시함

- 불망어: 진실하고 참다운 말을 함

- 불사음: 서로 화합함

- 불악구: 착한 말로 위로해 줌

- 불기어: 도움이 되는 말을 해 줌
- 무탐: 항상 베푸는 마음을 품게 됨
- 무에無恚: 항상 자비로운 마음을 품게 됨
- 무치: 인과를 올바르게 믿고 선업을 지음

각자는 지은 업의 경중에 따라 아수라, 인도, 욕계천 중의 한 곳에 태어나게 된다. 또 이와 반대로 선업을 지으면 좋은 보답을 받게 된다. 예를 들어 살생하지 않으면 무병장수하게 된다.

이렇게 볼 때 만사가 순통하고 심신이 안락한 과보를 얻으려면 먼저 마땅히 선업을 지어 선의 씨앗을 심어야 한다. 만약 그저 좋은 과보를 얻기만 바라면서 노력하지 않으면 크게 그르치게 된다. 이는 농부가 쌀과 곡식을 얻고자 하면서 밭에 씨앗을 심지 않는 것과 같다. 사람들은 이 농부의 어리석음은 알면서 불교의 인연과보 이치는 모른다. 좋은 과보가 늦게 오든 일찍 오든 시기는 일정하지 않겠으나 언젠가는 좋은 결과가 올 것이다. 그래서 옛 사람들은 이렇게 말했다. "재앙과 복 중 어느 하나도 자기로부터 오지 않는 것은 없다." 이 말은 참으로 맞는 말이다.

이상이 인천교의 대략적인 의미이다. 그런데 단지 인천교만 닦는 자는 비록 교리를 쉽게 실천할 수 있기는 하겠지만 받을 수 있는 인연과보는 사람 세상으로 제한된다. 그래서 고금의 많은 선지식께서는 정토법문을 제창하셨던 것이다. 이것이 앞에서 말했던 불법종파 가운데 정토종이다. 어떤 쪽을 공부하든 관계없이 정토법문도 아울러 공부한다면 최대의 도움을 얻을 수 있으리라. 정토법문은 각자의 능력에 따라 깊게, 얕게 볼 수 있을 것이다.

정토종을 묻고
답하다

고승 대덕의 찬술을 보면 매번 질의와 답변 형식을 취하여 각종 의혹을 일소시켜 주었다. 이들의 공덕이야말로 위대하다 하겠다. 송나라부터 청나라 초까지 선종이 성했기 때문에 이 시기 정토종에 대한 의문과 의혹이 깊어졌다. 지금은 선종의 힘이 미약해졌다고는 하지만 여전히 그 힘은 남아 있다. 만일 정토종에 대한 논의와 설명을 명확히 해 두지 않으면 회의와 의심이 일어 다시 혼란스러워질까 염려된다. 각종 의혹을 잠재우기 위해 글을 남기지만 내가 꼭 변론을 좋아해서라기보다는 도를 바르게 세우기 위함이다.

<u>질문</u> 지금 정토종을 드높이고자 하는 자들은 아미타불만 전

적으로 수지하면 된다고 주장하고 경·율·론과 같은 불경은 보지 않아도 된다고 합니다. 이처럼 정토종은 교리를 배척하고 아미타불 명호만 수지하라고 하니 좀 지나친 건 아닌지요?

답변 상근기上根器 사람이라면 단지 아미타불 이 네 글자에 의지해도 마음에서 교리를 배척하려는 생각을 하지 않을 겁니다. 하지만 보통 사람이라면 아미타불을 부르는 것만이 아니라 경·율·론 배우는 일에 어찌 힘쓰지 않을 수 있습니까. 그래서 송나라 때 영지사靈芝寺의 원조元照 율사[01]께서도 비록 『의소義疏』를 지어 아미타불의 명호 부르는 것을 찬탄하셨지만 그 분의 행적을 자세히 살펴보면 율장을 깊이 있게 연구하셨을 뿐만 아니라 천태종과 법상종에도 정통하셨음을 알 수 있습니다.

질문 정토종을 믿는 사람들 가운데 세속의 인연을 팽개쳐 버린다고 염려하는 사람들도 있습니다. 이것이 사실인지요?

답변 선정禪定이나 지관止觀이나 비밀스런 주문을 닦으려면 반드시 속세와의 인연을 끊고 입산하여 고요히 정진해야 할 것입니다. 하지만 정토종의 법문은 이와 다릅니다. 정토종은 배우지 못

---

01 원조 율사는 저장성 여항餘杭 사람으로 북송 대에 율종과 정토종을 널리 전파한 인물이다. 대각국사 의천도 항저우에서 그에게 『사분율』에 관한 강의를 들었으며 그의 전적을 고려에 가지고 와서 판각한 바 있다.

할 이도 없고 배우지 못할 곳도 없습니다. 사농공상土農工商 그 누구도 각자 자신의 수준과 분수에 맞게 정토종의 법을 닦습니다. 또한 일을 행함에 있어 대중의 공익을 우선으로 합니다. 이런 선행을 쌓아 서방정토에 태어나기 위한 밑천으로 삼고자 하는데 어찌 정토종이 세상을 버릴 이치가 있겠습니까?

질문 앞에서 이르시기를 정토종을 닦는 사람들은 교리를 배척하지 않으며 세속과의 인연을 버리지 않는다고 하셨는데 어디에 이런 내용이 나오는지 알고 싶습니다.

답변 경론經論은 자료가 너무 많아 일일이 열거하기가 어렵습니다. 『무량수경無量壽經』의 예를 들지요. 이 경에 이르기를 서방정토에 태어나기를 원하는 자는 세 가지 복을 닦아야 한다고 했습니다.

첫째, 부모에게 효도하고, 스승과 어른들을 받들어 모시며, 자비심을 갖고 살생하지 않으며 열 가지 선업을 닦아야 합니다. 둘째, 삼보에 귀의하여 모든 계율을 지키며 규율에 맞는 행위와 몸가짐을 지녀야 합니다. 셋째, 보리심을 내어 인과의 법을 굳게 믿고 대승경전을 독송하고, 수행하는 사람들에게 정진을 권해야 합니다. 이상 세 가지를 이름하여 정업이라 하지만 결국 과거, 미래, 현재의 삼세 부처님의 정업정과淨業正果입니다.

『무량수경』에서 "보리심을 내어 공덕을 닦고 덕의 뿌리를 키워 지극한 마음으로 회향하고 믿음의 기쁨에 환희하며 보살행을 닦는다."고 했습니다. 『대보적경발승지락회大寶積經發勝志樂會』를 보면 부처님께서 미륵보살에게 하신 말씀 중에 보살은 열 가지 마음을 낸다고 하셨습니다.

첫째는 중생에게 대자비심을 내되 손해 본다는 마음이 없습니다. 둘째는 중생들에게 대비심大悲心을 내되 꺼둘림이 없습니다. 셋째는 불법에 신명身命을 바쳐 기꺼이 지킵니다. 넷째는 일체의 법에 대해 인내하며 집착하는 마음이 없습니다. 다섯째, 자신만을 이롭게 하지 않으며 일체를 공경하고 존중하고 정결하고 기쁜 마음으로 대합니다. 여섯째, 부처님의 일체의 지혜를 배우며 한 순간도 망각하지 않습니다. 일곱째, 중생을 공경하며 비하하는 마음이 없습니다. 여덟째, 세간의 평가에 연연해하지 않으며 깨달음을 얻겠다는 대결정심大決定心을 냅니다. 아홉째, 선근善根을 심고 오염되지 아니하며 늘 청정합니다. 열 번째, 온갖 아상에서 벗어나 여래를 따라 마음을 일으켜 염불에 집중합니다. 만일 이상의 열 가지 마음으로부터 말미암아 마침내 깨달음을 얻어 극락왕생을 염원한다면 정토 아닌 곳이 없을 것입니다.

질문 보살이라면 마땅히 사바세계에 처하며 중생을 대신하여 고통을 감내한다고 합니다. 그런데 보살이 무슨 이유로 서방정토 극락왕생을 희구하는지요?

답변 원조 법사께서 막 출가하셨을 때 바로 그러한 생각을 갖고 계셨기 때문에 정토종에 대해서 가볍게 힐난을 하셨던 것입니다. 하지만 원조 법사께서는 큰 질병을 만나 육신이 시들고 정신이 희미해지자 스스로 향할 바를 찾지 못하셨습니다. 질병으로 고통받는 과정에서 일체시비를 돈오頓惡하신 후 눈물을 흘리며 심히 스스로를 질책하셨습니다. 왜냐하면 아직 무생법인無生法忍[02]을 증득하지 못했기 때문입니다. 비록 뜻이 컸다 하나 힘을 감당하기 부족했기 때문입니다. 그래서 『대지도론大智度論』에서 이르기를 "아직 집착이 남아 있는 범부는 비록 대비심이 있어도 악세惡世에 태어나, 고통받는 중생을 구제하려해도 불가능하다."고 했습니다. 비유하자면 어린 새가 아직 어미를 떠날 수 없는 것과 같은 이치입니다. 아직은 날개가 나약하니 나뭇가지를 벗어날 수 없음과 같습니다. 아직 무생법인을 증득하지 못한 사람은 한 순간도 부처를 떠나면 안 되는 것입니다.

질문 법상종을 받드는 사람들은 미륵보살을 만나려고 하면

---

02 불생불멸의 진리를 확실하게 인정하고, 안주하여 마음이 흔들리지 않는다.

반드시 도솔천에 태어나기를 바라야 하는 것입니까?

　　답변　꼭 그런 것은 아닙니다. 미륵보살은 법신法身으로 찰나에도 떠남이 없이 두루 편재遍在하십니다. 도솔천에 미륵이 계시다면 극락세계에도 미륵은 계십니다. 따라서 법상종을 배우는 사람들이 서방정토를 추구하는 것은 문제 될 것이 없습니다. 또한 서방정토에 태어나면 아미타보살이나 여러 대보살님을 만나게 되는데 어찌 다시 문제가 있겠습니까? 『화엄경보현행원품』에 이르기를 도착하면 아미타불, 문수사리보살, 보현보살, 관자재보살, 미륵보살을 볼 수 있다고 하였습니다. 또 『아미타경』에 따르면 서방정토에 나기를 염원하는 분들의 수는 이미 셀 수 있는 범위를 넘어섰습니다. 그래서 자은慈恩 대사 규기窺基가 일찍이 『아미타경통찬阿彌陀經通贊』 3권과 『소疏』 1권에서 중생이 함께 극락에 가기를 권하고 있으니 살펴볼 만합니다.

　　질문　도솔천은 가까워서 태어나기 쉽지만 서방의 극락정토는 헤아릴 수 없는 불국토를 지나야 있다고 하니 서방정토극락에 왕생한다는 것은 너무 힘든 일이 아닌지요?

　　답변　『화엄경보현행원품』에 이르기를 찰나 안에 극락왕생할 수 있다고 하였습니다. 원조 율사께서도 『미타의소彌陀義疏』에서 이르기를 십만억만의 불국토도 느낌으로 상상하면 요원할 것 같지만 손가락을 튕기면 바로 도착할 수 있는 가까운 곳이라 하였습니다. 시방세계 정토와 예토穢土가 한 마음인 까닭에 빠르기가 헤아릴 수 없을 정도라 하였습니다. 이렇게 본다면 염려할 것이 없습니다.

질문 밀종密宗을 공부하는 분들은 정토법문을 수행하면 서방정토 극락왕생만 염원하게 되어 점점 수명이 짧아지기 때문에 일찍 죽는다고 합니다. 그래서 반드시 밀종의 장수법과 겸해서 상보적으로 수행해야 안전하다고 합니다. 그 말이 맞습니까?

답변 자고로 정토종을 닦은 분들은 모두 장수하셨습니다. 즉 염불을 통해 장수를 하신 분들입니다. 따라서 질문자가 들은 내용에 동의하기 어렵습니다. 또한 이미 서방정토에 나고자 발심한 마당에 이번 생의 수명의 길고 짧음을 따질 것도 없습니다. 사람이 장수해 보았자 기껏 100세를 넘기기 어려운데 서방정토에서는 헤아릴 수 없는 삶을 살 수 있는 것입니다. 지혜로운 자라면 잘 헤아려서 마땅히 무엇이 중요하고 무엇이 중요하지 않은지를 알 수 있을 걸로 압니다.

질문 아미타법문을 말하는 분들은 오로지 죽음과 관련한 가르침에만 전념하는 듯합니다. 오히려 약사법문 같은 것은 살아서는 능히 재앙을 없애고 장수하는 법을, 죽어서는 동방정토에 태어나는 법을 알려 준다고 하니 더 좋지 않은지요?

　　답변　아미타법문이 현생에 어떤 이익을 주는지에 대해서는 각종 경과 논에서 잘 밝히고 있습니다. 제가 직접 들었던 네 가지를 들어 답변 드리겠습니다.

　　첫째, 장님이 눈을 뜹니다. 가흥嘉興 범고농范古農의 친구 대戴 씨는 일찍이 상하이 남양중학南洋中學을 졸업한 후 갑자기 실명해서 매우 우울하게 지내고 있었습니다. 그러던 중 범고농 선생께서 그에게 아미타불의 명호를 외우도록 권했습니다. 범고농 선생은 친구를 평호平湖의 보본사報本寺에 머물 수 있도록 소개해 주고 아미타불의 명호를 밤낮으로 부르게 했습니다. 이렇게 몇 년이 지나자 두 눈이 예전처럼 밝아졌습니다. 이 일은 범고농 선생이 직접 남기신 이야기에도 전합니다.

　　둘째, 심한 치질이 순간에 나았습니다. 해염海鹽 사람 서위徐蔚는 서울에 갔다가 심한 치질에 걸렸는데 온갖 방법을 써도 낫지 않았습니다. 한번은 볼일이 있어 나갔다가 인력거를 탔는데 인력거가 너무 흔들려서 숙소로 돌아온 후 치질이 재발했습니다. 고통이 어찌나 심한지 뼛속까지 스미는 것 같았답니다. 꼬박 7일간 잠도 자지 못할 상황에 이르자 이제는 목숨이 위태로울 만큼 위중하게 되었답니다. 그때 그는 '중생을 대신해 고통받는다'는 내용이 담긴 『화엄경』 「십회향품」을 떠올리며 여기에 의지하여 발원해야겠다는 생각이 들었습니다. 그 후 일념으로 아미타불의 명호를 부르자 편안히 잠들 수 있게 되었고 얼마 지나지 않아 치질이 씻은 듯이 나았다고 합니다. 그 후 10여 년이 지났으나 그는 아직까지 단 한 번도 치질이 재발하지 않았다고 했습니다. 이 일은 인광 법사께서도 말씀하신 적이 있습니다.

셋째, 원귀冤鬼가 침입하지 않습니다. 현진顯眞 스님은 사천 출신으로 자는 서귀西歸입니다. 출가 전 현장縣長을 역임했는데 토비土匪를 많이 죽였다고 합니다. 출가하고 얼마 지나지 않아 영파寧波 자계慈溪의 오뢰사五磊寺에 묵었는데 매일 밤 토비들이 꿈에 나타났다고 합니다. 토비들은 꿈속에서 선혈이 낭자한 섬뜩한 모습으로 스님의 생명을 위협했다고 합니다. 이에 스님은 심한 공포감에 괴로워하다가 어느 날 용맹심을 발휘하여 밤낮으로 아미타불의 명호를 부르기 시작했습니다. 얼마나 열심히 했는지 심지어 꿈속에서조차 멈추지 않고 불렀을 뿐만 아니라 토비를 만나면 아미타불의 명호를 부르며 그들을 교화했습니다. 이렇게 하기를 수개월, 마침내 그들은 더 이상 나타나지 않았다고 합니다. 저는 현진 스님과 가장 오래 생활한 사람입니다. 그는 늘 나에게 지난 일을 이야기하며 염불의 공덕이 얼마나 신비로운지 찬탄하곤 했습니다.

넷째, 위기를 모면할 수 있습니다. 원저우 사람 오벽화嗚璧華는

평소 정업淨業을 착실히 닦는 사람이었습니다. 그는 행주좌와行
住坐臥 어느 한 순간도 쉬지 않고 아미타불의 명호를 불렀습니다.
1922년 임술년 7월 하순 온저우에 폭풍과 폭우가 찾아와 건물과
담벼락이 무수히 무너졌습니다. 그날 밤 오벽화는 벽 쪽으로 누워
있었는데, 부처님의 명호를 부르며 잠이 들었다고 합니다. 한밤중
에 갑자기 벽이 무너져 그는 그만 돌과 흙 속에 갇히고 말았습니다.
가족들은 그가 죽었을 거라고 생각하며 돌덩이들을 파헤쳤다고 합
니다. 그런데 가족들이 발견한 것은 놀랍게도 털끝 하나 다친 데 없
이 평상시와 같이 평온한 얼굴로 부처님의 명호를 부르고 있는 오
벽화였다고 합니다. 그 일은 나중에 오벽화가 직접 절에 와서 본인
이 경험한 이야기를 제게 해 주어서 알게 되었습니다. 오벽화는 혁
명운동에 전념하다 나중에 불법을 믿게 되었다고 합니다. 그는 북
경, 원저우, 항저우 및 동북지방의 여러 성에서 불법을 전하기 위해
애를 썼으며 동시에 각종 복지사업을 했습니다. 임종 때 부처님의
명호 부르기를 그치지 않았으며 온화하고 행복한 모습으로 정념의
상태로 죽음을 맞이했습니다. 대렴大殮 때 보니 정수리가 여전히
따뜻했으므로 서방정토에 극락왕생하셨음이 자명합니다.

  * 1935년 3월 만수암萬壽庵 강의록.

인과법과 보리심

     나와 융춘의 인연은 3년 전에 싹이 텄다.
3년 전 성원性願 노법사께서 내게 융춘에 한번 와 보라고 권하셨
다. 법사께서는 융춘의 보제사에 대해서도 이런저런 이야기를 많
이 해 주셨다.

    두 해 전 봄, 나는 남보타사에서 율학 강의를 순조롭게 끝냈다.
그러자 묘혜妙慧 선사께서는 샤먼까지 직접 찾아 오셔서 융춘에 가
기를 청하셨다. 하지만 보제사에는 설비가 제대로 갖춰지지 않아
서 사람들을 수용할 형편이 안 되었다. 그래서 추진하다가 중간에
중단되고 말았다. 이렇게 해서 첫 번째 융춘행 계획이 무산되었다.

    그해 겨울 선흥善興 스님이 도반 분들의 합동 초청장을 들고
샤먼의 만석암에 오셔서 나를 융춘으로 초청하고자 하셨다. 하지

만 그때 나는 이미 취안저우의 초암 초대를 받아들인 상황이었으므로 융춘으로 가지 못했다. 그래서 두 번째 융춘행 계획도 실현되지 못했다.

작년 겨울 묘혜 선사께서 친히 내 오두막으로 찾아 오셔서 융춘으로 가자고 하셨다. 요청을 받고 떠나는 도중에 취안저우를 지나는데 여러 벗들이 머물다 가기를 청하여 융춘행을 부득이하게 올봄까지 미루게 되었다. 이로써 세 번째 융춘행 계획도 실현되지 못하였다.

올해, 지금으로부터 반달 전에 묘혜 선사께서 또 취안저우까지 친히 오셔서 융춘에 올 것을 청하셨으니 이것이 네 번째 시도였다. 대중들이 이와 같은 성의를 보이니 부득불 오지 않을 수 없었다. 취안저우에서도 여러 곳을 돌며 강의를 하느라 정말 바쁘게 지냈다. 그래서 원래 계획보다 반달이 늦어졌다. 늦었지만 지금이라도 이렇게 융춘에 와서 여러 벗들을 만나고 보니 기쁘기 그지없다.

지금 여러 선우善友께서 나에게 강연을 청하시지만 나는 현묘한 내용을 말씀드리기보다는 현실적이고 실천 가능한 것을 중심으로 말하고자 한다. 현묘한 내용을 담은 설법은 비유하자면 기아에 허덕이는 자에게 조리법을 전하는 것과 같다. 각종 산해진미 메뉴와 조리법을 종이 가득 적어 준들 허기진 자의 배를 채워 주지는 못한다. 이런 사람들에게는 차라리 보잘 것 없는 것일지라도 먹을거리를 제공해 주는 것이 낫다.

인과법을 깊이 믿어라

인과법은 불법 입문 과정에서 배우는 기초 내용이지만 불법에서 이 인과법만큼 중요한 것이 없다. 누구나 인과법을 철저히 이해하고 신뢰해야 한다. 그렇다면 인과란 무엇인가? 인과의 인因은 비유하자면 종자이다. 종자를 땅에 심으면 자라나 열매를 맺는 것이 자연의 이치이다. 우리 일생 동안의 행위는 선행이건 악행이건 모두 아래와 같은 과보를 받게 된다.

복숭아를 심으면 복숭아가 나온다: 선을 행하면 선으로 받는다.
가시를 심으면 가시가 나온다: 악행을 행하면 악으로 받는다.

매우 간단명료한 이치이다. 우리가 흉을 피하고 길을 얻으려면, 재앙을 피하고 복을 받으려면, 반드시 선의 종자를 깊이 심어서 잘못을 고치고 선해질 수 있도록 진심으로 노력해야 한다. 그래야 훗날 복이라는 열매를 얻을 수 있다. 만일 악의 종자를 심게 되면 흉함과 재앙을 모면할 길이 없다. 따라서 여러분은 인과법을 깊이 믿고 선악과보의 원리를 철저히 이해하길 바란다. 이 법은 한 치의 틀림이 없다.

보리심을 내어라

'보리'는 인도어이며, 그 의미는 '깨달음'이다. 다시 말해서 성불이라는 뜻이다. 보리심을 낸다는 것은 '성불의 마음'을 낸다는 것이다. 왜 성불해야 하는가? 일체중생을 이익 되게 하기 때문이다. 그렇다면 어떻게 해야 성불할 수 있는가? 널리 일체의 선행을 닦으면 된다.

그렇다면 어떻게 해야 '철저'하게 되는가? 먼저 아상에 집착하지 말아야 한다. 따라서 보리심을 내는 자는 아래 다음과 같은 마음을 갖는다.

첫째, 대지심大智心: 아상에 집착하지 않는다. 이 마음은 범부가 낼 수 있는 것은 아니지만 각각의 분수에 따라 관찰할 수 있을 것이다.

둘째, 대원심大願心: 널리 선행을 닦는다.

셋째, 대비심大悲心: 중생을 고통에서 구한다.

보리심을 내는 자는 아래 네 가지 큰 서원을 세워야 한다.

첫째, 가없는 중생을 다 건지겠다.

왜 이것을 첫 번째로 말하는가? 보리심은 대자비를 중심으로 삼는다. 그래서 먼저 중생을 건지겠다고 하는 것이다.

둘째, 끝없는 번뇌를 다 끊겠다.

일체중생이 끝없는 일체의 번뇌를 다 끊어 버리도록 하겠다는 말이다.

셋째, 한없는 법문을 다 배우겠다.

일체중생이 이 한없는 법문을 다 배울 수 있도록 하겠다는 것이다.

넷째, 위없는 불도를 다 이루겠다.

일체중생이 모두 위없는 불도를 이루도록 하겠다는 말이다.

혹자는 위의 네 가지 서원 가운데 아래 세 가지 서원은 모두 발원하는 자 개인에 대한 것인데 왜 일체중생에 대한 서원이라고 하는지 의문을 가질 수 있다. 거기에 대한 나의 설명은 두 가지다.

첫째, 간단하게 본다면 나 또한 중생 중 하나이다. 사홍서원에서 말하는 중생 안에 나 역시 포함된다. 둘째, 한발 더 나아가 생각해 본다면 진정으로 보리심을 발하려면 법성이 평등함을 철저하게 깨달아야 한다. 따라서 나와 중생은 조금도 차이가 없으며 이것을 철저히 깨달아야 비로소 진정한 보리심에 회통한다고 할 것이다. 따라서 사홍서원이 일체중생에 대한 서원이라고 보는 것은 문제가 없다.

오직 정토를 닦아라

　기왕에 보리심을 내었다면 부단한 노력으로 보리심을 수지하도록 노력해야 한다. 하지만 부처님의 법문은 많고 종류도 다양하고, 각각의 깊이도 다르다. 반대로 수지한 법문과 본인의 근기가 맞지 않으면 힘만 들고 효과는 적다. 만약 근기에 맞다면 힘을 적게 들이고도 큰 효과를 보게 될 것이다. 오늘날과 같이 혼란스럽고 어지러운 세상에 중생들에게 어떤 법문이 가장 적합할 것인가?

　내 생각에는 정토종 만한 것이 없다고 본다. 널리 다른 법문을 듣고 닦는다고 해도 오늘날과 같은 혼돈의 세상, 부처님이 나타나지 않는 이 어려운 세상에서 불법을 깨우치기는 쉽지 않다. 만일 전적으로 정토법문을 닦아 부처님의 대자대비한 힘에 의지하여 극락왕생을 기원한다면 비교적 쉽지 않을까 한다. 그래서 저 용수보살도 전자보다 후자가 쉽다고 했던 것이다. 전자는 땅위를 걷는 것과 같아 한걸음씩 가야하지만 후자는 물 위에 배를 띄운 것과 같아 쉽게 갈 수 있다는 뜻이다.

　정토법문 관련 서적으로 참고할 만한 책을 소개하자면 『초기정업지남初機淨業指南』, 『인광법사가언록印光法師嘉言錄』, 『인광법사문초印光法師文鈔』 등이 있다. 이들 책에 의지한다면 정토법문의 문으로 들어설 수 있을 것이다.

대보리심과 독송

⊛ 　　　　　 정토종을 닦는 사람에게 첫 번째는 대보
리심이다. 『무량수경』에서도 삼배왕생자三輩往生者는 모두 위없는
대보리심을 내야 한다고 말하고 있다. 『관무량수불경觀無量壽佛經』
역시 극락에 태어나고자 하는 자는 응당 보리심을 발해야 한다고
말하고 있다. 이렇게 보건대 이기적인 자는 부처님의 마음에 응할
수 없기 때문에 극락왕생할 수 없다. 부처님은 대자비심을 몸으로
하시는 분이다.

　　정토종을 죽음을 맞이할 때나 필요한 법문쯤으로 생각하는 사
람들은 정토종이 보리심을 중심으로 삼는다는 것을 모른다. 정토
종이야말로 대비심으로 중생 구제의 큰 뜻을 품은 법문이다.

태양이 세계를 비추듯이

정토종을 닦는 자라면 응당 중생을 대신해서 그들의 고통을 대신 받겠다는 마음을 내야 한다. 자신의 한쪽 어깨에 일체중생을 짊어지고 그들을 위해 기꺼이 고통을 받겠다는 마음을 내야 한다. 여기서 내가 말하는 일체중생이란 한 개의 현縣이나 성省의 차원이 아니라 세계 전체이다. 불경에 따르면 세계는 하나가 아니라 셀 수 없을 만큼 많다고 한다. 수많은 세계의 일체중생이 스스로 지은 각종 악업으로 인해 갖가지 고통을 받고 있다.

나는 하나의 미약한 몸이지만 온몸으로 기꺼이 중생의 고통을 짊어지고자 한다. 그 많은 고통의 무게에 결코 두려움을 느끼지 않도록 여러분도 그 고통을 함께 분담하기 바란다. 내가 처음에 세운 서원은 이 한 몸으로 중생의 고통을 짊어지고 그들을 구제하겠다는 것이었다. 태양에 비유하자면 비추어 줄 세계가 넓고 크다고 해서 여러 태양이 있는 것이 아니다. 단 한 개의 태양이 일체중생을 모두 비추는 것이다. 지금 한 사람의 힘으로 일체중생의 고통을 짊어진다는 것도 이와 같다.

앞에서 한 사람의 힘으로 일체중생의 고통을 짊어진다는 것은 횡적橫的으로 말한 것이다. 이것을 다시 종적縱的으로 말해 보자. 우리가 경유하는 시간은 하루나 몇 달, 몇 년이 아니다. 말할 수 없이 무수한 시간을 경유함에 있어 대보리심을 내는 데 조금도 지루

해 하거나 힘들어하지 않는다. 왜냐하면 나는 삼악도三惡道에 있는 일체중생을 위하여 내 한 몸 던져서 그들을 구제하고자 발원을 세웠기 때문이다. 중생의 죄를 다 갚지 못한다면 나는 삼악도에서 한 걸음도 벗어나지 않겠다는 대결정심을 냈다. 나는 진정으로 그들의 고통을 대신 받기를 원한다. 이 때문에 나는 긴 시간 동안 단 한 번도 후회하는 마음이나 두려운 마음, 지겨워하는 마음을 내지 않는다. 나는 응당 크나큰 기쁜 마음으로 내 한 몸 중생을 살리는 데에 바치기를 원한다. 이런 것이 바로 대보리심이다.

자선사업은 서방세계로 가는 밑천이다

대승경전의 내용도 같다. 결국 정토법문을 닦고자 하는 자는 『아미타경』을 독송하며 항상 부처님의 명호를 기억해야 한다. 동시에 『보현행원품』을 독송하며 왕생 회향을 염원해야 한다. 『화엄경』은 최고의 경전이다. 하지만 『화엄경』의 의미는 『보현행원품』을 넘어서지 않는다. 『보현행원품』에서는 보현보살의 명호를 독송하며 극락왕생의 원을 세운 자는 살아서 각종 이익을 얻을 것이며 임종시에도 이 원을 수지하면 극락세계로 인도받아 마침내 성불에 이를 것이라고 말하고 있다. 따라서 정토법문을 닦는 자라면 항상 『보현행원품』을 독송하는 것이 가장 좋다.

자선사업은 사람이라면 누구나 마땅히 해야 하는 것이다. 흔히 염불 수행하는 사람들 중에 세속과의 인연을 버린다는 미명하에 자선사업을 게을리 하곤 하지만 그래서는 안 된다. 왜냐하면 현생에서 하는 각종 자선사업은 서방정토로 가는 밑천이 되기 때문이다.

기왕에 불자가 되었다면 응당 사회에 도움을 주는 각종 자선사업을 해야 한다. 진짜 발심수행자라면 이런 것을 통해서 사람들에게 불교가 피세적이 아니라 구세적이며, 소극적이 아니라 적극적이라는 것을 보여 줄 수 있다. 이런 행동 하나하나로 세상 사람들이 흔히 불교에 대해 갖는 오해를 불식시킬 수 있다.

＊ 1932년 11월 샤먼 묘석사 강의록.

정토종과『지장경』

내가 융춘에 온 지 어느새 1년 반이 지났다. 지난 여름 왕몽성王夢惺 거사가 나에게 편지를 보내 보제사에 와서 불경을 강설해 주기를 청했다. 그때 답장하기를 가을 날씨가 좀 시원해지면 성으로 들어가서『금강경대의金剛經大義』를 3일 동안 강의해 주겠다고 했다. 그러나 음력 7월 초가을이 왔을 때 문을 닫고 습선習禪을 하느라 가지 못했다. 엊그제 몽성 거사와 여러 거사님들이 나를 찾아 입산하였다. 마침 오늘이 지장보살 탄신일이라 정토종 도반들에게『지장경』의 요지를 말씀드리니 기념으로 삼기 바란다.

지장법문의 의의

정토종 도반들이 수지하는 불법은 '정토 삼경'을 위주로 한다. 삼경 외에 『지장경』을 독송하여 도움을 받는 것도 좋을 듯하다. 왜냐하면 지장보살은 이 땅의 중생들과 인연이 깊기 때문이다. 아울러 『지장본원경』 또한 우리네 보통 사람들의 근기와 잘 부합한다. 그러므로 오늘 나는 정토 도반들에게 『지장보살본원경』도 같이 독송할 것을 권한다.

첫째, 자고로 정토종은 『지장경』과 깊은 인연이 있다. 우리 8대 조사이신 연지蓮池 대사께서 『지장본원경서』를 찬술하시고 이 경문을 널리 유통시킬 것을 권하셨다. 9대 조사이신 우익蕅益 대사께서는 일생 동안 지장보살을 모셨다. 우익 대사께서는 구화산九華山에 오랫동안 머무르시며 스스로를 '지장보살의 외로운 신하'라고 하신 바 있다. 대사께서는 또한 육신을 바쳐 예를 다하여 지장보살에게 참회를 하였으며 언제나 지장보살의 진언을 수지하고 업장소멸과 극락왕생을 서원하였다. 또한 당대 정토종의 태두이신 인광 법사께서는 『지장본원경』을 널리 전하기 위해 수만 권을 발행하는 등 갖은 애를 다 쓰셨다. 오늘날 정토종을 공부하는 불자들은 지극한 마음으로 염송하며 대사의 가르침대로 행하고 있다. 오늘날 정토종 여러 종사들의 규약을 좇아 따르며 도반들에게도 나와 함께 수지하고 공부하기를 권하는 바이다. 이렇게 좋은 인연을 만나 함께 하게 된 것이 결코 우연은 아니라고 생각한다.

둘째, 지장법문은 삼경을 위주로 한다. 여기서 말하는 삼경이 란『지장보살본원경』,『지장보살십륜경』,『지장보살점찰선악업보 경』을 말한다.『지장보살본원경』에는 왕생극락정토와 관련된 내용 이 없지만 나머지 불경에는 다 들어 있다.『지장보살십륜경』에서는 "청정한 불국토, 삼계도사의 거처에 태어날 것이다."고 했고,『점 찰경占察經』에서는 "만일 어떤 사람이 청정한 불국토에 태어나기 를 바란다면 마땅히 그 세계 부처님의 명호를 지성으로 염송하면 된다. 그렇게 하면 자신이 바라는 청정한 불국토에 태어나리라."고 했다. 그러므로 우리 우익 대사께서 지장보살에게 점찰참회를 하 실 때 다음과 같이 발원하셨다.

"지금의 이 몸을 버리고 저 세상으로 가서, 부처님을 앞에 모 시고 아미타불을 면전에서 모시며 여러 부처님을 두루두루 섬기는 그날을 위하여, 저는 먼지 낀 세상에 남아 널리 미망에 빠진 중생을 구해 함께 그곳으로 돌아가려 합니다."

이렇게 보건대 지장법문은 결국 정토종법문과 매우 깊은 관 계를 갖고 있다. 길은 달라도 결국 가고자 하는 곳은 같은 것이다.

지장법문의 위력

셋째, 『관무량수불경』은 삼복三福을 닦음을 정업정인淨業正因으로 삼는다. 삼복 중 으뜸은 뭐니 뭐니 해도 효도로써 부모님을 봉양하는 것이다. 『지장본원경』에서도 숙세宿世에 지장보살이 어머니께 행한 효행의 인연에 대해 설하고 있다. 옛날 고승 대덕들께서 『지장경』을 '불문佛門의 효경孝經'이라 말씀하신 것은 바로 여기에 연유한다. 나와 나의 도반들은 응당 『지장본원경』을 염송하되 경문을 통해 지장보살의 효행도 참고할 필요가 있다. 이런 것들을 깊이 되새겨 가르침을 실천하되 특히 효도를 중시하여 부모님께 효도한다면 큰 복을 짓게 될 것이다.

넷째, 인광 대사께서 대중들에게 부처님의 명호를 부르며 서방정토에의 왕생을 구하라고 가르치실 때 특히 인과응보의 법을 굳게 믿고 악업을 짓지 말며 선을 받들어 행하라고 하셨다. 그런 연후에야 부처님의 자비로움에 의지하여 극락왕생할 수 있다고 했다. 『지장본원경』에 인과응보에 대해서 상세히 기술해 놓았다. 나와 나의 도반들은 항상 『지장본원경』을 열심히 봉복하고 가르침을 따라 행하며 정업淨業을 쌓아야 한다. 만약 인과응보의 이치를 제대로 신뢰하지 않고 스스로를 살피는 것을 게을리 하면 어떻게 서방정토에 태어날 수 있겠는가? 부디 이 의미를 잘 되새겨 두루 정업을 닦고 인과법을 깊이 믿어 평소 일거수일투족에 대하여 항상 점검해야 한다. 진실로 참회하며 허물을 고치기 위해 노력해야 한다. 오계와 십선 등을 부지런히 닦아 서방정토 왕생을 위한 밑천으로 삼아야 한다.

다섯째, 정토법문을 닦는 수행자라면 현재 우리가 처한 현실, 즉 괴로움과 즐거움, 일이 잘 풀리고 풀리지 않는 것과 같은 일체의 것들을 마음에서 모두 놓아 버리고 한 치의 걸림도 없어야 한다. 고통이 없는 것이 좋은 것이 아니다. 오히려 역경을 통해서 업장을 닦을 수 있는 기회가 주어지고 잘 풀리지 않는 상황 속에서 청정한 서원이 더 견고해진다. 안타까운 것은 이와 같이 할 수 있는 사람은 천만 명 중 한두 명에 불과하다는 것이다. 왜냐하면 우리 같이 보통의 범부들은 비록 각자 자신의 깜냥에 따라 열심히 노력한다고는 하지만 여전히 우리의 한계에 갇혀 그 한계를 철저히 돌파하지 못한다.

또한 의식주 등의 문제도 어떻게든 해결하지 않을 수 없으며 자연재해와 전쟁, 기근과 같은 각종 천재天災와 인재人災로부터 자유로울 수 없는 것이다. 만일 생계에 문제가 생기거나 재해나 환란이 찾아오면 우리들의 수행에 막대한 장애를 초래하게 된다. 그런데 우리가 만일 지장보살에 귀의하게 되면 그런 염려가 사라진다. 『지장경』에 있듯이 지장보살께서는 우리에게 의식주를 해결해 주시고 질병을 막아 주시며 가택의 안녕을 보호해 주고 뜻하는 바를

이루게 해 주며 장수하게 해 주고 각종 환란으로부터 우리를 보호
해 주시기 때문이다. 옛날 고승 대덕께서 몸이 편해야 도가 융성해
진다고 하였는데 이것을 말씀하신 것이다. 앞으로 정업을 닦고자
하는 불자들은 응당 지장법문의 요지를 믿고 의지해야 할 것이다.

율종의 역사

出가한 후 나는 장쑤성과 저장성 일대를 오가며 운수납자하고 있었다. 당시 나는 감히 마음대로 불교의 경과 율을 대하지 않았으며 또 감히 계율을 전하는 도량에 쫓아가지 않았다. 개인적으로 아직 공부가 부족하다고 생각했기 때문이다. 3년 후 중국 남쪽 민남 지역으로 내려와 경과 율을 강론했지만 여전히 부끄러운 마음이 솟구치는 것을 금할 수 없었다. 이번에 귀 사찰에서 법문을 청하여 주니 준비는 부족하나 이 자리에 나오게 되었다.

또 최근 국내 상황이 좋지 못해 참고할 책도 많이 부족하고 내정신도 많이 쇠약해져서 3일 정도 법문으로 끝낼까 한다. 오늘은 첫 번째 날로 비구계를 받은 분들을 위해 율종의 역사에 대해 말씀

그저 인간이 되고 싶었다

드릴까 한다. 혹시 비구계를 받지 않은 다른 분들은 내 법문을 이해하지 못할지라도 법문 내용이 선근을 심는 것과 관계있는 일임을 알고 경청해 주시기 바란다.

비구가 된 사람들은 마땅히 먼저 불법의 계율이 이 땅에 들어오게 된 인연을 알아야 한다. 또한 이 땅에서 자고로 율종이 얼마나 번성했는지도 알아야 한다. 동한東漢 시대부터 위魏나라 초까지 승려를 위한 특별한 계율은 없었다. 오직 머리를 깎는 것으로 대신했다. 그러던 중 위나라 가평嘉平 때 천축국의 승려 법시法時가 이 땅에 들어와 갈마수법을 세웠는데 이것이 계율의 효시가 되었다. 이것이 진실로 비구계를 수지한 시작이라고 할 수 있다. 그 후 점점 율종이 발달하고 번성하게 되었다.

율학의 갈래

대부大部의 광율廣律 가운데 최초로 전래된 것이『십송률十誦律』이다. 이를 번역한 이가 요진姚秦 때의 구마라집이었다. 훗날 여산盧山의 혜원 스님도 이 일에 대해 극찬한 바 있다. 육조六朝 때 율종은 남방 지역에서 가장 성행했다.

『사분율』은『십송률』이 번역된 시기와 멀지 않게 번역되었는데 당시엔 그다지 주목받지 못했다가 당나라 왕조 초에 큰 관심을 받았다.

제3부는 승려 기율祇律이 동진東晉 시대에 번역한 것인데 육조 때 북방에서 약간 관심을 받았다. 유송劉宋 때에는 승려 기율을 계승하여 『오분율』이 나왔으니 번역한 사람은 이전에 『화엄경』 60권을 번역한 사람이다. 문장이 정련되고 간결하여 일찍이 도선 율사께서도 극찬하신 바 있다. 하지만 아쉽게도 이것을 발전시키고자 노력하신 분이 없었다.

그 후 당나라 측천무후 시대에 의정義淨 법사가 『유부율有部律』을 번역하였다. 『유부율』은 티베트 일대에서 가장 많이 통행되던 율법이었다. 의정 법사께서 인도에서 20여 년간 머무셨는데, 학문이 전 방위로 통달하고 기억력이 좋으셨으므로 율학의 정수를 득得하셨다. 그래서 당시 인도에서 의정 법사를 넘어설 수 있는 사람이 없었다고 한다. 의정 법사야 말로 전무후무한 중국의 대율사이다. 의정 법사가 중국으로 돌아와 번역을 마쳤을 때에 이미 그는 연로하셨기 때문에 번역을 마치고 멀지 않아 원적圓寂하였다. 의정 법사의 뒤를 이어 이를 널리 제창할 분이 끊어졌으니 애석하고 애석한 일이다! 물론 이 외에 율·론과 관련된 자료는 수도 없이 많아 일일이 다 거론하기 어렵다.

나는 『유부율』을 맨 처음 보았을 때 매우 감격했다. 정말 기쁜 마음으로 오랫동안 이를 연구했다. 그 후 친구의 권유로 남산

율南山律을 연구하기 시작했다. 남산율은『사분율』에 의거하였으나 약간 변화를 줘서 우리 중국 승려들의 근기에 적합하였기 때문이었다.

『사분율』은 당나라 때 최고로 번성했다. 당나라 이전에는 십송률을 주로 제창했으며『사분율』을 제창한 사람은 소수였다. 당나라 초『사분율』을 연구하는 학자들이 많아지자 다시 3개의 학파로 나뉘어졌다. 그 중 첫 번째가 상부율上部律이며 법려法礪 율사가 중심이 되었다. 두 번째가 남산율南山律이었는데, 도선 율사가 중심이었다. 세 번째는 동탑율東塔律이었는데, 회소懷素 율사를 중심으로 하였다. 법려 율사는 도선의 바로 앞 세대로서 도선 율사는 법려 율사로부터 율학을 배웠다고 한다. 회소 율사는 도선 율사의 바로 뒷 세대로 법려 율사와 도선 율사로부터 직접 율학을 배웠다고 한다. 따라서 비록 율학파를 3개로 나눠서 말하고는 하지만 사실상 이 셋은 상통하는 바가 많으며, 율학이 가장 성행했던 시기는 남산율 시대였다.

남산 율사의 저술은 깊은 바다와 같이 넓고 크다. 그의 많은 저술 가운데『행사초』가 가장 유명하다. 당시에는 자신이 속한 종파에 관계없이 누구나『행사초』를 필수로 공부했다고 한다. 당나라 왕조 시대부터 송나라 왕조 때까지『행사초』를 풀이한 사람만 근 60여 명에 달한다. 이 중 가장 나은 것을 뽑아 본다면 영지靈芝 율사의 것이 독보적이라 하겠으며, 이 외에 원조元照 율사의 해설에는 수많은 경과 율로부터 찾아낸 자료가 주석으로 붙어 있다. 원조 율사 후 율학은 점점 침체기를 맞게 되어 그 후로 율학을 제창하는 사람들이 거의 없었다.

율학의 흥망성쇠

남송시대 이후 선종이 크게 번성함에 따라 율학에 관심을 갖는 사람들은 더 이상 없었다. 이에 따라 당나라와 송나라 때 여러 사람들이 저술했던 율학 방면의 자료 수천 권이 산실散失되고 말았다. 급기야 청나라 초에 이르면 『남산수기갈마南山隨機羯磨』한 권만 남고 나머지 저술은 다 자취를 감추고 말았다. 이렇게 역사를 돌아보니 표현할 길이 없는 회한이 남는다. 비록 명말청초 시대에 우익 대사와 견월見月 대사께서 율종을 중흥시키고자 애를 쓰셨지만 유감스럽게도 당나라와 송나라 때의 훌륭한 저술들은 쉽게 찾을 수 없었다.

당시 우익 대사께서 『비니사의집요毗尼事義集要』를 지으시고 법문을 하셨으나, 이미 율학에 대한 대중의 관심이 높지 않았기 때문에 모인 사람의 수가 적었다고 한다. 그 후로도 애를 쓰셨으나 갈수록 관심을 갖는 사람이 적어졌고, 결국 실패하고 말았다. 견월 율사도 율학 제창에 힘을 기울이셨는데, 견월 율사의 경우 상당한 결과가 있었다고 한다. 견월 율사는 저술도 많이 하셨는데 이 중에 수기달마에 대해 해설을 한 것도 있고 비니작지毘尼作持에 대한 것도 있다. 하지만 내용 중 남산 율사의 저술을 보지 못했기 때문에 남산 율과 차이가 나는 것도 적지 않았다.

이 외에 유명한 『전계정범傳戒正範』 1부가 있는데 이것은 명나라 말부터 현재까지 통틀어 전계傳戒와 관련된 유일무이한 저작이다. 이 자료를 통해서 한 줄기 서광을 느낀다. 이 책은 비록 남산 율사의 저술 내용과 일부 부합되지 않는 부분이 있지만 그 공헌이 심대하다. 지금 수계의궤受戒儀軌는 이 자료에 의거하되 그 내용에 약간의 증감이 있으니 『전계정범』의 진면목을 보여 주기에는 다소 부족하다.

남송부터 청나라까지 7백여 년 동안 당나라와 송나라 때 행했던 많은 율학 연구 업적에 대해서 연구한 저술은 보이지 않는다. 청나라 광서제 말년에 일본에 요청하여 당나라와 송나라 때 간행된 일부 율서를 다시 얻어와 약 10년간 톈진에서 자료 수백권을 간행한 바 있다. 이 외에 속장경에 수록되어 있지만 미간행한 자료 수백권도 간행하였다.

만일 지금 어떤 사람이 발심하여 율학을 연구하고 제창하여 당송 시대의 고풍古風을 회복하고자 한다면 우익 대사나 견월 대사가 보고 싶어 했던 자료들 대부분이 잘 갖추어져 있으니 참고하길 바란다. 우리가 태어난 이 시대는 우익 대사나 견월 대사 때보다 훨씬 좋은 상황이다. 진정 하고자 하는 마음만 있다면 우리는 두 분에 비해 훨씬 더 좋은 여건을 갖춘 시대에 살고 있는 것이다.

그럼에도 불구하고 율학을 공부한다는 것은 결코 쉬운 일이 아니다. 나는 비록 근 20여 년간이나 율학을 공부했으나 이제 겨우 율학의 입구에 다다랐다는 말씀만 드릴 수 있을 것 같다. 그야말로 율학으로 들어가는 좁은 문을 흘깃 보았을 따름이다. 지금으로부터 몇 년을 더 준비해야 비로소 율학 연구에 제대로 착수할 수 있을 것 같다. 그리고 다시 최소한 20여 년을 더 연구해야 겨우 약간의 결과를 낼 수 있을 것 같다. 하지만 안타깝게도 나는 이미 나이를 먹고 늙어 버렸다. 아마 내가 이 세상에 머무를 수 있는 시간이 많이 남지 않은 것 같아 여러분에게 기대를 거는 것이다. 여러분 중 누군가가 발심하여 계율 연구에 힘을 기울여 주기를 바랄 뿐이다. 그래서 나의 뜻을 이어 내가 못다 한 일을 해 주시면 참으로 고맙겠다!

우리는 지금 『전계정범』이 결코 완전하지 않다는 것을 알아야 한다. 더구나 이 자료는 무분별하게 증감한 곳도 있다. 그래서 지금부터 반드시 고법古法을 회복시켜 이 자료에 반영시켜야 한다. 이는 여러분의 몫이다. 여러분, 나는 여러분이 함께 힘써 주시기를 깊이 바라고 있다.

＊ 1935년 샤먼 취안저우에 있는 승천사에서의 강연록.

계율에 대한
열 가지 물음

☘ 『비니일용절요』에 관하여

질문 근래 제 총림에서 수계를 할 때 하나같이 『비니일용절요毗尼日用切要』[03]를 독송케 하는데 이것이 합당한지 검토해 봐야 하지 않을까요?

답변 이전에 우익 대사께서 이 뜻을 해석해 두었습니다. 여기에서는 간단히 인용하여 답하고자 합니다.

비구의 대열에 들어섰다면 마땅히 율학을 우선으로 해야 한다. 지금 이 발원의 게송은 본래 『화엄경』에 실렸다. 진언들은 밀종

---

03 명말청초 견월 율사(1601~1679)가 『화엄경』「정행품淨行品」과 밀교 경전에서 게, 주문 등을 모아 엮은 율의律儀 관련 전적이다.

에서 뽑은 것이다. 사람들은 이 법문이 불가사의하다고 말하지만 하나하나 따져 보면 다 본종이 있어 이치에 맞음을 알 것이다. 『비니일용절요』에 나온 하나의 게, 하나의 구절, 한 글자를 살펴본다면 이 모두가 도의 씨앗임을 알 수 있다.

하지만 낱낱으로 보면 모두 틀렸다. 이렇게 되면 율律이 율이 아니고, 현교가 현교가 아니며, 밀교가 밀교가 아니고, 겨우 선善의 일부분에 불과하다. 정법正法이 세상에서 점차 쇠퇴하게 된 이유는 시행을 하지 않았기 때문이다. 뜻 있는 자라면 계율을 지키는데 정신을 집중하며 비구의 본분을 행하는 것 이상의 것이 없음을 알아야 할 것이다.

『백장청규』의 문제점

질문 『백장청규百丈淸規』[04]는 지금의 계율과 매우 유사한데 오늘날 율학을 배우는 사람도 이것을 참고할 필요가 있습니까?

답변 당나라 백장 회해께서 이 책을 찬술했으나 이후 다른 사람들이 첨삭하였습니다. 원나라 때 상당 부분을 수정했기 때문에 원래의 면목을 찾아내기는 매우 어려운 상황입니다. 그래서 연지

---

04 중국 선원禪院의 규칙을 서술한 원대의 불서. 백장 회해가 선종 사원의 규범을 성문화한『고청규古淸規』가 있었으나 당송 시대에 상당 부분 흩어졌으므로 1335년 백장 덕휘百丈德輝가 순제順帝의 칙명을 받아 수정 및 보완하였다.

대사와 우익 대사는 원나라 때 나온 이 책에 대해 통렬한 비판을 했던 것입니다. 연지 대사가 비판한 구체적인 내용은 오늘날 문헌에 수록되어 있지 않아서 상세히 알 수 없으나 우익 대사께서 남긴 말씀은 지금까지 남아 있는데 그 내용은 다음과 같습니다.

정법正法이 훼멸된 것은 모두 율학을 제대로 알지 못해서 발생한 일이다. 『백장청규』는 오래 전에 원작의 본의를 잃어버렸다. 더구나 원나라 때 세속에 물든 승관僧官들이 멋대로 두찬杜撰하거나 보태고 꾸민 것이라 문리가 통하지 않는 곳도 허다하다. 지금 사람들 중에 『백장청규』를 받들어 행하고자는 하는 사람들은 하나같이 율학을 모르기 때문에 그러는 것이다.

우익 대사께서는 또 다음과 같이 말씀하셨습니다.
"부처님이 만들지 않은 것을 이름하여 법이 아니라고 한다. 예를 들어 원나라 때 견강부회하여 만든 『백장청규』 등이 대표적 사례이다."
제가 보기에 율종의 여러 서적들은 깨끗하기가 바다 위에 모인 안개와 같습니다. 우리가 몸 바쳐 배우고, 힘을 다해 실천한다 해도 미흡한 부분이 있습니다. 당나라의 구본『백장청규』가 있어도 굳이 볼 필요가 없는데 원나라 때 나온 가짜 책을 볼 필요가 무엇이 있겠습니까? 마땅히 연지 대사와 우익 대사 같은 선지식의 말씀을 따르는 것이 맞다고 생각합니다.

특정 스승에게 귀의하는 것은 잘못된 것이다

질문 근래 사람들 중에 특정 스승에게 귀의하기를 청하면서 어느 어느 스승에게 귀의했다고 칭하는 이가 종종 있습니다. 이것이 이치에 맞는 것입니까?

답변 그렇지 않습니다! 삼귀의 가운데 '승僧에게 귀의한다.'는 말은 특정 스승에게 귀의한다는 뜻이 아닙니다. 우익 대사께서 다음과 같이 말씀하셨습니다.

"'승가에 귀의한다.'는 말은 특정 훌륭한 고승 대덕에게 귀의한다는 말이 아니다. 혹자는 아주 자랑스럽게 '나는 어느 어느 선지식, 어느 어느 법사의 문중 사람이 되었다.'라고 하고, 또 그 해당 선지식이나 법사도 자긍심에 차서 '모모 거사, 모모 벼슬아치가 나에게 귀의했다.'라고 한다. 오호, 안타깝도다! 진실로 이러하다면 차라리 '부처님께 귀의하고, 불법에 귀의하고, 한 분의 고승 대덕과 친분을 맺는다.'라고 하는 것이 맞지 어떻게 '승에게 귀의한다.'고 말할 수 있으리오?"

『사미십계위의요략』

질문 근자에 율학을 진작시키고자 하는 사람들은 하나같이 연지 대사의 『사미율의요략沙彌律儀要略』을 으뜸으로 삼는데 과연 좋은 것입니까?

답변 사미의 계법戒法에 관한 주석서로 우익 대사가 지은 『사미십계위의요략』이 가장 좋다고 할 수 있습니다. 이 책은 장쑤성 양저우陽州에서 판각되었으며 모두 1책입니다. 책 이름은 『사미십법병위의沙彌十法幷威儀』입니다. 만약 초학자가 사미의 율법을 공부하려 한다면 이 책이 가장 적합할 것입니다. 연지 대사는 정토종의 고승 대덕이었지 율학이 그 분의 전문 분야가 아닙니다. 그래서 『사미율의요략』에는 연지 대사께서 율장을 따르지 않고 주관적으로 판단한 부분이 많습니다. 그래서 우익 대사께서도 "연지 대사는 오로지 정토종만 발전시킨 분으로 율학 쪽은 다소 거친 면이 있다."고 말씀하신 것입니다. 이렇게 본다면 연지 대사의 『사미율의요략』은 속세 대중을 이끄는 데에는 다소 도움이 될 수 있겠으나, 이상적인 안내서라고 보기는 어려울 것입니다.

사미계를 잘 지키는 방법

질문 사미계 제10에서는 '금은을 만지거나 지니지 말라'고 합니다. 오늘날 사미로서 어떻게 하면 이 계율을 범하지 않을 수 있겠습니까?

답변 『근본유부율섭根本有部律攝』에서는 다음과 같이 말하고 있습니다. "비구가 만약 금이나 은과 같은 물건을 얻었다면 응당 대중을 찾아 대중에게 깨끗한 시주를 하도록 해야 한다. 만일 시주 받은 물건이라면 만지거나 지닌다고 계를 범하는 것이 아니다. 비록 시주와 서로 멀리 떨어져 있어 그 후에 다시 금은 등을 얻게 된다면 응당 시주한 것이 되므로 몸에 지녀도 된다. 만일 시주가 시주한 것으로 정한 이후라면 계율을 범한 것이 아니기 때문이다. 만일 시주자를 찾기 어렵다면 금이나 은을 몸에 지닌 채 옆의 비구 한 사람에게 '대덕께서는 유념하소서. 저 비구 아무개는 비부정재比不淨財를 얻었으니 응당 부정재不淨財를 정재[05]로 바꾸어 취하겠나이다.'라고 세 번을 말한다. 이렇게 말하고 스스로 가지고 오거나 혹은 다른 사람에게 갖고 오게 해도 이 계율을 어기지 않게 된다." (이상은 유부율의 내용을 약술한 것이다.)

수계의 참의미

질문 계를 받을 때 수백여 명을 모아서 함께 행사를 치르고 한 달을 기준으로 교육을 합니다. 부처님 당시에도 있던 제도입니까?

답변 부처님 당시 계를 줄 때 머리를 깎은 스님이 주선하여 아홉 명의 스님을 모셔 와서 계를 주도록 했습니다. 이는 한 사람씩

---

05 정재는 신불神佛을 섬기거나 남을 돕기 위해 깨끗하게 쓰는 재물이다.

별도로 계를 수여한 것입니다. 중국에서는 당나라 때 비록 한꺼번에 계를 주기를 했지만 많아야 열에서 스무 명 정도였습니다. 요즘은 자신의 문중을 대단하게 보이기 위해 많은 승려를 모아 놓고 수계식을 합니다. 이 때문에 우익 대사께서 다음과 같이 말씀하셨습니다.

언제든 불문에 들어올 수 있는 것이지 어째서 하필 납월 8일이며 4월 8일과 같이 날짜를 못 박는단 말인가? 소중한 인연이라면 서너 명이면 되는 것이지 어째서 백 명 천 명의 무리를 허용한단 말인가? 수계 때에도 반나절이면 충분한 시간이거늘 무엇 때문에 몇 날 며칠이 걸린단 말인가? 또한 최근에 매달 많은 사람들이 모이는 것은 단지 계를 받은 자들로 하여금 수륙재나 기타 불사를 돕도록 하기 위한 것이라 종일 바빠 정신없이 난리를 치지만 사실상 이것은 수계와 아무런 관련이 없는 것이다. 이는 진실로 말이 안 되는 것이다. 수계식은 결코 장시간 할 필요가 없다. 가장 중요한 것은 수계 전과 수계 후 어떻게 가르치고 어떻게 이끌 것인가 하는 문제다.

당나라 의정 대사께서 다음과 같이 말씀하셨습니다. "어떻게 계를 받고자 하는 사람을 피곤에 지치게 하는가? 이미 계를 받았음에도 계는 안중에 없고 계경도 독송하지 않고 율전律典도 펼쳐 보지 않는다. 계를 받은 자들도 법의 대오에 섰다는 헛된 생각에만 빠져있을 뿐이다. 이 때문에 한 일이란 수계한 사람들에게 손해를 끼치는 일뿐이다. 이런 유속들은 불법을 훼멸시키는 자들일 뿐이다."
그래서 우익 대사께서 다음과 같이 말씀하셨습니다.

비구계는 출세간의 크나큰 규약이다. 승보僧寶가 이를 통해 건립되는 것이다. 이에 수계 후의 수학행지修學行持가 가장 중요하다. 그런데 이들을 가르치는 사람들이 높은 곳에 올라 겉만 그럴듯하게 꾸며 대며 책임을 면하고자 하면 안 된다. 오직 제대로 가르치고 권면하게 하는 것을 우선으로 해야 한다.

이처럼 수계를 할 때에는 계를 받은 사람들을 제대로 가르치고 이끄는 것이 급선무입니다. 5년간은 진정으로 집중해서 배우고 익혀야 하는 시기입니다. 수계한 즈음에는 은인자중하지만 일단 계를 받고 나면 노력을 멈추는 행위는 그야말로 본말이 전도된 것이니 이보다 잘못된 것은 없을 것입니다.

계원, 계괴 제도는 폐지되어야 한다.

질문 요즘 수계식 때 계원戒元이니 계괴戒魁를 뽑곤 하는데 무슨 뜻인지 궁금합니다.

답변 이는 수계 대상자들이 가진 자산을 내놓고 얻는 이름입니다. 그러니 이는 청나라 말기 난세에 뇌물을 주고 관직을 사는 것과 다름이 없는 행동이라 하겠습니다. 이것은 잘못된 습속이므로 혁파하는 것이 제일 좋습니다.

점찰참회

질문 어지러운 시대에 법도대로 계를 받기란 결코 쉽지 않습니다. 이런 때에는 어떤 방편에 의지하여 비구계를 받을 수 있을지 궁금합니다.

답변 우익 대사께서 말씀하셨습니다. "말세에 정계淨戒를 받고자 해도 이 점찰륜상의 법을 버리고는 다른 길이 없다." 이 말씀은 지장보살의 『점찰선악업보경』에서 말한 점찰참회법을 뜻합니다. 『점찰경』에 이르기를 "미래세 모든 중생들 가운데 출가하고 싶은 자나 이미 출가한 자가 훌륭한 대덕이나 청정한 비구를 만나지 못하면 그들의 마음속에 의혹이 일게 될 것이다. 하지만 이럴 때조차도 위없는 도심道心을 배우고 마음으로 낸다면 이들 또한 모두 순선純善하다 할 수 있으니, 청정상淸淨相을 얻었다 할 것이다. 혹여 미처 출가하지 못했다 하더라도 마땅히 머리를 깎고 법의를 입고 우러러 시방삼세 모든 불보살님께 고하고, 스승을 청하여 증인이 되도록 해야 한다. 일심으로 계를 지키겠다는 서원을 세운다."
따라서 우익 대사께서는 35세에 속세를 떠나 사미가 되어 일념으
로 점찰참회를 행하고 47세 원단元旦에 마침내 청정윤상을 얻으시
고 비구계를 얻었습니다.

사중계四重戒를 범한 사람이 비구계를 다시 받을 수 있는가?

질문 사중계를 범한 자라도 다시 비구계를 받을 수 있습니까?

답변 재가자 중에 간혹 5계를 파계하거나, 8계 중 사중계를 파
계하는 경우가 있습니다. 출가한 사람 중 사미나 사미니, 식차마나,
비구, 비구니가 사중계를 파계할 경우 이를 이름하여 바라이죄[邊
罪]라고 합니다. 소승률에 의거하면 이런 자들은 다시 계를 받을 수
없습니다. 『범망경』에 의하면 비록 참회를 통했다 하더라도 반드
시 인정받은 연후에야 가능하다고 했습니다. 지금 『점찰경』의 참회
에 의거하면 반드시 청정륜상淸淨輪相을 득한 연후에야 가능하다
고 했습니다. 『점찰경』에서 다음과 같이 말하고 있습니다.

미래의 세상에서 만일 재가자나 출가자들 중에 청정하고 오묘
한 계를 받고자 하나 이미 중죄를 지어 계를 받을 수 없는 자는
마땅히 위와 같이 참회법을 닦아야 한다. 그리하여 지극한 마음
으로 신구의身口意 선함을 얻은 연후에야 비로소 다시 계를 받

을 수 있다.

계율을 수지한다는 것

질문 옛날에 선종의 대덕들이 산속에서 수도할 때에는 대나무 껍질 세 쪽, 호미 하나만을 허락할 정도로 청정하고 자족한 생활을 요구했습니다. 여러 대중을 이끄는 역할을 할 때에도 여전히 스스로 노동하지 않으면 먹지도 말라는 것을 청규로 삼았습니다. 그런데 이것은 율제律制와는 서로 배치되는데 어떻게 된 연유입니까?

답변 선종 대덕들께서는 홍범삼계弘範三界와 일체 계율을 지극히 청정하게 닦았으니 혜원慧遠 스님께서 바로 그런 분이었습니다. 다음으로 미세계微細戒, 즉 소소한 계율은 버리고 오로지 사중계를 지킨 분들이 계셨습니다. 하지만 이런 분들은 결코 감히 스스로를 비구라고 칭하지 않았을 뿐만 아니라 율학을 가볍게 보지 않으셨습니다. 이분들은 오로지 선교禪敎를 겸수兼修하지 못함을 부끄러워하셨습니다. 옛날에 어떤 분이 수창壽昌 선사께 다음과 같이 물었습니다.

"부처님 당시 계율에 의하면 비구는 나무나 풀에게조차 해를 끼칠 것을 저어하여 땅을 파는 것도 금지했다고 들었습니다. 그런데 오늘날 비구가 스스로 땅을 파고 스스로 곡식을 심는 것은 어찌

된 까닭입니까?"

이에 대해 수창 선사는 다음과 같이 대답하셨습니다.

"우리는 다만 불심佛心을 깨닫고 부처님의 뜻을 전하는 것을 시대의 과제로 삼고 노력할 뿐입니다. 만약 제대로 된 정법正法의 차원에서 엄격하게 구분해 본다면 저희는 그저 일개 머리 깎은 '거사' 정도라 칭할 수 있을 따름이니 어찌 감히 '비구'라는 이름을 감당할 수 있겠습니까?"

이 사람이 또 물었습니다.

"만일 오늘날 비구계를 지니고 이와 같이 실천하는 자가 있다면 스님께서는 장차 그를 어떻게 보시겠습니까?"

수창 선사께서 다음과 같이 답변하셨습니다.

"만일 진정으로 이와 같은 자가 있다면 저는 그를 부처님과 같이 공경할 것이며 예를 갖춰 스승으로서 대할 것입니다."

이렇게 볼 때 우리는 하지 않는 것이 아니라 할 수 없어 못하는 것입니다. 또한 자백紫柏 대사께서는 평생을 하루같이 죽 한 그릇과 밥 한 그릇으로 지내셨으며 다른 음식을 일절 취하지 않으셨습니다. 또한 40여 년의 세월을 눕지 않으셨습니다. 그럼에도 불구하고 스스로 미세법을 수지하지 못했다고 하시며 다른 사람에게 감히 사미계와 비구계를 주지 않으셨고, 부득이한 경우에 오계법만 주셨을 따름입니다. 아아! 위의 여러 종사들께서 율학을 경건하게 받들기를 이와 같이 하셨으니 오늘날 저희들이 어찌 감히 가볍게 생각할 수 있겠습니까? 대충 절충해서 나온 가벼운 계율은 한낱 사견邪見에 속할 따름이며 진실한 종장宗匠이 아닙니다.

　　　＊ 이상은 우익 대사의 말씀에서 따온 것이다.

『도계석상개략』을 말함

⊛　　　　　　　　질문 무슨 목적으로 본 자료를 편찬하였
는지요?

답변 일찍이 『남산율재가비람』을 편집하고 싶었으나 내용이
번다하여 급히 해내기에는 무리가 있었다. 그래서 우선 도계계상
소분盜戒戒相少分에서 뽑아 문답 형식으로 한 권을 만들어 유통시
키기 위함이다.

질문 왜 여러 계율 중 도계盜戒를 먼저 편찬하고자 합니까?

답변 도속道俗을 막론하고 여러 계율 중 도계의 계상戒相이 가
장 번잡하고 자세하다. 『승기율僧祇律』에서는 도계와 관련된 것을
풀었는데 모두 5권이다. 또 『십송률』 4권과 『선견율善見律』 3권이

있다. 남산 스님과 영지 스님의 여러 저작 중에도 도계에 대해 언급한 것이 3권이나 있다. 도계의 계상이 이와 같이 복잡하고 자세하니 불투도의 계율을 지키기 위해 그만큼 간단치 않다는 의미이다! 『남산율南山律』에서는 불투도의 계율과 관련된 경계할 내용을 언급한 부분이 매우 많다. 지금 그 내용을 간추려 말해 보겠다.

『행사초』에서 다음과 같이 말했다. '불투도의 계율은 지키기 쉽지 않다. 그러므로 여러 경전에서 이에 대해 자세히 설명하는 대신 다른 계율에 대해서는 대략적으로만 기술하고 있는 것이다. 이에 비해 불투도와 관련해서는 3권 혹은 5권 등으로 나누어 기술하고 있다. 그러므로 잘 단속하지 못하면 우환을 면할 수 없다.' 『행사초』에서 또 다음과 같은 말을 하고 있다. '불투도의 계율의 계상은 매우 은밀하여 때로는 구분하기 힘들다. 진정으로 도에 관심을 갖는 자라면 각 사례에 대해 상세히 읽고 깊이 생각한 후에야 비로소 알 수 있을 것이다.'

『계본소』에 다음과 같이 말하고 있다. '이 계율은 사람들이 무의식 중에 범하기가 쉬우며 범했다 하더라도 중죄라고 생각하지 않고 마음이 거칠었다고만 생각한다.' 그러므로 『선견善見』에서 다음과 같이 말하고 있다. '이 계율의 사상事相은 이해하기 쉽지 않기 때문에 부득불 곱씹어 풀어 보아야 그 의미가 분명해지니 부디 잘 생각해야 한다. 언급한 내용이 이와 같으니 매사에 어찌 힘쓰지 않을 수 있겠는가?' 따라서 먼저 이 계상을 모두 모아 속히 유통시켜야 하는 것이다. 만일 아직 불투도의 계를 받지 않았다면 계를 받기 전에 신중하게 미리 내용을 잘 알아야 비로소 계를 받은 후에 잘 수지할 수 있을 것이다. 또 이미 계를 받았다면 본 자료를 자세히 읽고 깊이 생각한 후에 성실히 호지護持해야 계율을 범하지 않을 수 있을 것이다.

질문 옛 고승 대덕 중에서도 스님처럼 "도계"만 별도로 편해서 유통시킨 분이 있습니까?

답변 있다. 남산 스님께서 말씀하셨다. "어떤 사람이 이 도계를 별도로 표시해서 개인적으로 베껴 두었는데 이는 권면하고 계율을 범함을 경계하고자 하는 뜻이다." 안타깝게도 지금 이 사초는 전해 오지 않고 있다.

질문 지금 본 자료를 편하심에 어떤 전적을 으뜸으로 참고하여 편집하셨습니까?

답변 남산 스님의 『행사초』와 영지 스님의 『자지기』를 으뜸으로 삼아 참고하였다. 또한 남산 스님의 『계본소』와 영지 스님의 『행종기』, 민남산의 『초鈔』와 『소疏』를 참고했는데 이들 중 서로 차이가 나는 부분은 전적으로 『초』에 의거하였다.

질문 지금 이렇게 자료를 엮어 내심에 있어 왜 좀 더 상세히 하지 않으시고 개략적인 내용 위주로 편하셨습니까?

답변 이 자료는 초심자를 위해 그 개략적인 내용 위주로 소개한 것이다. 즉 연습에 착수하는 초급 단계에 초점을 맞추어 펴낸 자료이다. 만일 계상을 상세히 언급하려면 아마 본 자료의 10배 이상 분량이 들 것이다. 장래에 재가자들이 각 가정에서 편하게 볼 수 있도록 남산 스님이 정리한 율학을 쉽게 정리해 『남산율재가비람』을 별도로 엮어 그 뜻을 상세히 밝혀 볼 생각이다.

질문 아래에서 삼보와 관련된 물건은 응당 승단에서 관리한다고 해 놓고서 지금 이 자료에서는 전적으로 재가자들과 관련하여 적고 있으니 무슨 까닭인지요?

답변 지금은 재가자들 중에도 단기간 사원을 관리하는 사람이 있을 뿐 아니라, 사찰의 회계와 서무 업무에 종사하는 자들이 있으니 응당 이분들도 알아야하기 때문이다.

질문 남산 스님의 율학은 비록 부분적으로는 대승경전의 취지와 부합되지만, 대부분은 소승과 밀접한 관련이 있습니다. 만일 소승불교에 근거해서 오계와 팔계를 받는다면 응당 남산 스님의 율학과 맞습니다. 하지만 만일 별도의 보살계를 받는다면 이는 대승과 유관한 것이니 서로 모순되지 않겠습니까?

답변 당나라 현수賢首의 『범망계소梵網戒疎』를 보면 도계의 제 6종류 경중문輕重門에서 해당 계율에 저촉되는 여러 가지 사례를 들고 있는데 그 내용을 보면 남산 스님의 『행사초』와 매우 유사하다. 『범망계소』에서는 스스로 문답 형식을 취하여 지금 질문하신 동일한 내용에 대해서 묻고 답한 부분이 있다. 이에 대해 답변한 내용을 보면 "보살성계菩薩性戒는 대승과 소승에서 공통으로 배워야 하는 것이기 때문"이라고 하였다. 이 기록에 근거하면 보살계 중 도계를 받았다면 마땅히 이를 받들고 수지해야 함이 분명하다.

질문 무엇을 도계라고 합니까?

답변 도계는 본래 여러 이름을 가지고 있다. 먼저 첫 번째 이름은 겁劫이다. 왜냐하면 남의 것을 재빨리 빼앗아 가기 때문에 그렇게 부른다. 두 번째 이름은 투절偸竊이다. 임자가 훔쳐간 것을 알게 될까 두려워하면서도 훔치기 때문에 그렇게 부른다. 또 불여취不與取라고도 하는데 주인이 주지 않은 것을 취하기 때문에 그렇게 부른다. 지금은 도盜, 즉 도계라고 부르는데, 이는 타인에게 손해를 입히는 행위를 저질렀기 때문에 그렇게 부른다.

앞의 두 명칭을 살펴보면 다른 사람의 입장에서 보느냐 자신의 입장에서 보느냐에 따라 이름이 다르다. 즉 다른 사람들의 입장에서 보면 도둑질은 재빨리 옮겨가는 것이고, 개인의 사적인 입장에서 보면 주인이 알까봐 두려워하면서도 남의 것을 훔치는 것이다.

'불여취不與取' 즉 주지 않았으나 취한다는 것은 의미가 그럴듯해 보이지만 결국 법을 어기고 훔친다는 의미이다. 이 때문에 처음에는 세 가지를 혼용해서 쓰다가 결국 '도盜'라는 용어로 통일해서 쓰게 되었다. 도盜는 바라본 사람의 관점에서 말한 것이고, 계戒는 본인이 행동으로 고치는 것을 말한다. 객체와 주체의 두 차원을 통틀어 보고자 "도계"라는 말을 사용하게 된 것이다.

질문 지금 도계의 계상을 풀이하심에 있어 어떤 기준으로 분야를 나누셨습니까?

답변 남산 스님의 『행사초』는 각각 3대과大科로 나누었는데 각각 소범경所犯境, 성범상成犯相, 개불범開不犯이 그것이다. 나는 남산 스님의 3대과에 의거하여 각각 세 부분으로 나누었다.

질문 무엇을 범경犯境이라고 합니까?

답변 범경이란 육진六塵이나 육대六大, 임자가 있는 물건, 다른 사람이 아끼는 것 등을 훔치는 것을 말한다. 즉 수지해야 할 계의 경계를 범했다는 뜻이다. 『계본소』 중 『수문별석隨文別釋』에 소상하게 잘 정리되어 있으니 여기에서 자세한 언급을 피한다.

질문 성범상에 대해 해석을 할 때 무엇에 근거합니까?

답변 남산 스님의 『행사초』를 보면 먼저 육연六緣을 총괄하여 나열한 후 다시 6연 각각에 따라 오종五種으로 풀이하였다. 먼저 6연은 주인이 있는 물건을 훔친 경우, 주인이 있는 물건을 탐하는 마음을 낸 경우, 주인이 없는 물건을 보고 훔치고 싶은 마음이 일어난 경우, 귀중한 물건을 훔친 경우, 방편을 이용하여 물건을 취한 경우, 본래 있던 곳에서 남의 물건을 옮긴 경우를 말한다. 6연 가운데 다섯 번째인 방편을 이용한 것과 관련해서는 별도로 풀이하지 않았기 때문에 5종이라고 한 것이다. 이에 따라 전체 5장으로 구분하였으며 제 1장은 주인이 있는 물건[有主物]과 관련한 것이다.

질문 제1장에서 말한 유주물有主物의 판단 기준은 무엇입니까?

답변 남산 스님의 『행사초』를 보면 이를 3과科로 나누고 있다. 즉 삼보三寶를 훔친 경우, 다른 사람의 물건을 훔친 경우, 사람이나 가축이 아닌 다른 물건을 훔친 경우이다.

<u>질문</u>　삼보를 관장하고 관리하는 사람은 응당 어떤 사람이어야 합니까?

<u>답변</u>　남산 스님의 『행사초』에서는 『보량경寶梁經』이나 『대집경大集經』에 의거하여 다음과 같이 말하고 있다.

승려가 물건을 관장하기 어렵다. 내가 듣기로 오로지 다음 두 종류의 사람에게만이 삼보의 물건을 맡길 수 있다고 하였다. 그 첫째는 아라한阿羅漢이고, 두 번째는 수다원須陀洹이다. 여러분같이 비구계를 구족하지 못한 사람들은 마음이 공평하지 않기 때문에 이런 일을 맡길 수 없다. 또 다른 두 종류의 사람도 가능하니 첫째, 계를 청정히 지니고 과보를 아는 자이며 둘째, 죄를 짓는 것을 두려워하고 부끄러워하고 참회하는 마음이 있는 자이다. 이 사람은 스스로 결함이 없는 자이다. 다른 사람의 마음을 헤아리고 보호하는 것은 참으로 쉽지 않은 일이다.

남산 스님의 『행사초』에는 또 다음과 같은 말이 있다.

만일 율장을 제대로 알지 못한 채 삼보를 사용하거나 마음이 가는대로 처분하게 되면 계율을 범하게 된다.

질문 불물佛物을 훔치면 어떤 죄에 해당합니까?

답변 주위에 지키는 자가 있는지 망을 보는 것은 중죄에 해당한다. 또 복전함 주변을 끝없이 망보는 것도 중죄에 해당된다.

질문 법물法物을 훔치면 어떤 죄에 해당합니까?

답변 불물을 훔친 것과 동일한 처분을 받는다. 주위에 지키는 자가 있는지 망을 보는 것, 복전함 주위를 끝없이 탐하는 것도 중죄에 해당한다.

질문 오래되고 낡은 경전은 불에 태워야 합니까?

답변 불에 태우게 되면 중죄를 받게 된다. 이는 부모를 불에 태운 것과 같다. 하지만 이것이 큰 죄임을 모르고 불에 태운 경우는 가벼운 죄에 해당된다. 남산 스님의 『계소戒疎』에 다음과 같은 내용이 있다.

'어떤 사람이 잘 모른 채 파손된 불경을 태우고는 내가 지금 불로 깨끗이 태웠으니 마땅히 복을 받으리라.'라고 말했다. 이는 지극히 망령된 생각이다. "반계사신半偈舍身[06]"의 이야기가 전적에 분명히 나와 있지 않는가? 절반의 게송을 얻기 위해 몸을 바치려 하셨는데 어찌 약간의 훼손이 있다하여 경전을 태워 버린다는 말인가?

질문 다른 사람의 불경을 빌린 뒤 돌려주지 않으면 어떤 죄를 범한 것입니까?

답변 만일 미처 책을 돌려주지 않아서 주인을 의심하게 만들었다면 그것은 중죄中罪에 해당된다. 절대로 돌려주지 않겠다고 스스로 마음을 먹었다면 그 또한 중죄에 해당된다.

질문 스님의 물건을 훔쳤다면 어떤 죄에 해당합니까?

답변 만약 주인의 물건을 관리해 주던 자와 가까이 지내던 자가 물건을 훔쳤다면 그것은 중죄에 해당한다. 만약 스님의 물건을 관리해 주던 자가 훔쳤다면 그 또한 중죄에 해당한다. 만약 스님의

---

06 부처가 되기 무량겁 전 세존께서 설산에서 수도를 하고 있었는데 제석천이 세존을 시험하기 위해 나찰의 모습으로 세존 앞에 나타나 "제행무상이니, 이것이 생멸법이다[諸行無常, 是生滅法]."라는 게송을 읊었다. 세존께서 이 절반의 게송을 들으시고 나찰에게 게송 전체를 말해 주기를 부탁했다. 그러자 나찰이 말했다. "나는 사람을 잡아먹고 사는데, 그대가 능히 나에게 그대의 몸을 내주어 잡아먹게 한다면 나머지 게송을 그대에게 말해 주겠다." 그러자 세존께서 이를 허락하니 잠시 후 나찰이 다음과 같이 말했다. "생멸의 집착을 벗어나면 고요한 열반의 경지에 들 것이다[生滅滅已, 寂滅爲樂]." 약속대로 세존이 나찰에게 몸을 바치려 하자 제석천이 본모습을 드러냈다고 한다.

물건을 지켜 주는 사람이 없는 상황에서 그 물건을 훔쳤다고 해도 중죄에 해당된다.

질문 스님의 물건을 훔친 자는 불물이나 법물을 훔친 자와 동일하게 중죄를 범한 것으로 간주되는데 그렇다면 차이는 없는 것입니까?

답변 남산 스님의 『행사초』에 이르기를 "'도계'를 수지하지 못한 죄는 삼보 어디에나 해당되는 사항이지만 이 가운데 특히 승물僧物을 훔친 죄가 가장 무겁다."고 했다. 또한 『방등경方等經』에서도 "오역五逆과 사중四重을 내가 모두 구제할 수 있는데, 승물을 훔친 자는 나도 구제할 수 없다."라고 말하고 있다.

질문 삼보의 물건을 바꾸어 사용하면 죄가 있습니까?

답변 경우에 따라 죄의 경중이 다르다. 여러 사례 가운데 한두 가지만 들어서 말하겠다. 만일 사찰 주인이 삼보의 물건을 바꾸어 사용하되, 어디까지나 선의의 의도로 바꾸어 사용했다면 계율을 범한 것이 아니라고 말하곤 한다. 하지만 계율에 의거하면 이 또한 중죄에 해당한다. 또한 만약 석가여래상을 아미타불로 고쳐서 사용하거나, 승방僧房을 창고로 고쳐서 쓰는 것 등은 소죄小罪에 해당한다.

질문 출가하지 않은 자가 절에 왔을 때 응당 그 사람과 같이 식사를 해야 합니까?

답변 만약 어떤 마음의 여유가 있는 사람이 스님이 지나가는 것을 본다면 스님께 공양을 드릴 것이다. 하지만 속인 중에 절에 온 사람이 있다면 그에게 반드시 절밥은 소화시키기 어렵다고 말해야 한다. 이는 인색해서 안 주는 것이 아니라는 것을 알리기 위함이다.

질문 다른 사람의 물건을 훔쳤다면 어떻게 합니까?

답변 남산 스님의 『행사초』에 따르면 대략 2주主 7종種으로 구분하고 있는데 내용이 몹시 번잡해서 여기서는 일일이 거론하지 않겠다.

질문 어떤 물건을 가진 주인이 다른 사람에게 자신의 물건을 잘 지켜 달라고 부탁했는데 이 물건을 다른 사람이 훔쳐 갔다면 물건을 지키던 사람이 배상해야 합니까?

답변 만약 물건을 지키던 사람이 삼가 근실하게 지키고 게으름이 없었다면 도둑이 와서 몰래 가져 갔거나 강제로 탈취해 갔건 상관없이 이는 물건을 지키던 사람에게 책임을 물을 수는 없는 일이다. 따라서 물건의 주인이 자신의 물건을 맡아 지키던 이에게 배상을 요청할 수 없다. 억지로 물건을 되찾으려 하면 이는 물건의 임자가 중죄를 범한 것이 된다. 그러나 만일 물건을 맡아 지키던 이가 부주의해서 도적에게 도난을 당했다면 마땅히 배상을 해야 한다. 만약 배상해 주지 않으면 이런 경우는 물건을 지키던 이가 중죄를 범한 것이 된다.

질문 다른 사람의 물건을 손에 가지고 있다가 부주의해서 물건이 훼손되었다면 응당 배상해야 합니까?

답변 그 사람에게 배상하라고 요구할 수 없다. 만약 억지로 배상을 요구한다면 그것은 중죄를 범한 것이다.

질문 도둑이 재물을 훔쳤다면 물건의 임자가 도둑으로부터 물건을 빼앗아 되찾아 와도 됩니까?

답변 이 문제는 신중하게 접근해야 한다. 만약 도둑이 이 물건을 갖겠다고 작정을 했다면 그 물건의 주인은 스스로 그 물건에 대한 집착을 버렸든 버리지 않았든 상관없이 그 물건을 빼앗아 오면 안 된다. 만일 빼앗아 오게 되면 이는 물건의 원주인이 중죄를 범한 것이 된다. 왜냐하면 이 물건이 이미 도둑에게 속한 것이 되었기 때문이다. 만일 물건의 원주인이 이미 자기 물건에 대한 미련을 버렸다면 도둑이 그 물건을 갖겠다고 작정을 했건 아직 그런 작정을 하지 않았건 상관없이 그 물건을 도둑에게서 빼앗아 올 수 없다. 만일 빼앗아 오게 되면 중죄를 범한 것이 된다. 왜냐하면 이미 원주인이 마음속에서 자기 소유라는 생각을 버렸기 때문에 그 물건은 더 이상 자기 소유가 아니기 때문이다. 물건의 원주인이 그 물건에 대해 자기 소유라는 생각을 아직 버리지 않았고 도둑이 그 물건을 가졌다는 생각을 아직 하지 않은 물건에 대해서만 빼앗아 돌려받을 수 있다.

질문 다른 사람의 물건이 아닌 것을 훔쳤을 경우 무슨 죄를 범한 것입니까?

답변 지키는 사람이 있는데 훔치기 위해 지키는 사람의 주위에서 망을 보다가 훔쳤다면 이는 중죄를 범한 것이다. 만약 지키는 사람이 없는데 주위 사람이 없는지 망을 보고 훔쳤다면 이는 중죄를 범한 것이다.

질문 만약 가축의 것을 훔쳤다면 어떤 죄를 범한 것입니까?

답변 가벼운 죄를 범한 것이다.

질문 '유주상有主想'과 관련된 부분은 어디에 잘 나와 있습니까?

답변 경상境想 혹은 결연缺緣과 관련된 것은 남산 스님의 『초』와 『소』에 상세하게 나와 있다. 그 문장 내용이 너무나 번다하고 상세하여 처음 보면 이해하기 어렵다. 이번에는 간단히 넘어가고 다음에 내가 『남산율·재가비람』을 별도로 만들어서 이 부분과 관련해서 자세히 소개해 드리겠다.

질문 앞에서 절 주인이 좋은 의도로 삼보의 물건을 바꾸어 사용해도 중죄를 짓게 된다고 하셨습니다. 하지만 생각해 보면 어찌 그 마음 안에 훔치는 마음이 있다고 할 수 있겠습니까?

답변 율학에서는 열 가지 도둑의 마음이 있다고 한다. 그 가운데 흑암심黑暗心이란 것이 있다. 어리석은 가르침으로 인하여 섞어서 사용하게 된 것이니 이것이 바로 흑암심에 해당한다 할 수 있다. 그래서 영지 대사께서 『자지기』에서 이르기를 "삼보를 위해 삼보의 물건을 보고 있었다고 여기었기에 선의의 마음이었다고 하지만 어리석은 가르침이라는 관점으로 본다면 이 또한 훔치는 마음이다."고 했던 것이다.

질문 무엇을 일러 중물重物이라 합니까?

답변 율학에 의하면 오전五錢 혹은 오전에 해당하는 물건을 중물이라 한다. 이 정도를 훔치면 중죄에 해당한다.

질문 무엇을 일러 '거리처擧離處'라 합니까?

답변 물건을 도둑질함에 있어 만약 훔친 물건이 이동이 없으면 훔친 것이 자기 것에 속하되 남에게 드러나지 않는다. 이런 것들은 반드시 위치를 옮겼을 때에야 그 올바른 죄를 판단할 수 있게 된다.

질문 물건을 훔칠 때 만약 물건의 위치를 옮기지 않았는 데에도 불구하고 계율을 범한 것으로 간주되는 것이 있습니까?

답변 도계를 범한 것으로 간주된다. 비록 장소를 옮기지는 않았으나 그 상相을 옮긴 것이기에 꼭 위치를 옮기지 않아도 훔친 것으로 간주될 수 있다. 그러므로 율학에서 "장소를 옮겨간다"는 것의 의미를 분명히 밝히기 위해 총 10문門으로 나누어 각각의 차이점을 말하고 있다.

여기서는 간단히 요약해서 대략의 뜻만 말하겠다. 먼저, 문서를 통해서 도계를 범한 것이 해당된다. 즉 문자를 통해서 판단에 영향을 미치는 경우도 도계를 범한 것이 된다. 또한 말로써 범하는 경우도 여기에 해당된다. 즉 말을 통해서 상대방을 현혹시키는 경우도 도둑질에 해당된다. 표상標相을 바꾼 것도 이에 해당 된다. 즉 저울이나 자를 통해 속이는 것도 여기에 해당된다. 계산으로 속이는 것도 있다. 물건을 나눌 때 계산을 속여 자기 것으로 취하는 경우가 해당한다. 모양을 변화시키는 것도 해당된다. 즉 깨뜨리거나 태우거나 묻거나 변색시키는 것이 여기에 해당된다. 도박을 하기 위해 패를 돌리는 것도 여기에 해당한다. 이와 같은 것들을 가리켜 장소를 옮겼다고 하는 것이다.

질문 '불범不犯'이라는 말의 의미는 무엇입니까?
답변 율학에 오종五種이 있는데 이 오종에 대해 도심盜心이 없는 것을 '불범'이라고 한다. 구체적으로 말하자면 다음과 같다.

첫째, 여상與想이다.
상대방이 '주겠지?' 하는 기대나 억측이 없음을 말한다.
둘째, 기유상己有想이다.
이미 상대방 소유가 아닌 자기 소유라고 생각하는 것이다.
셋째, 분소상糞掃想이다.
이는 즉 가치가 없는 물건이니, 주인이 없을 거라는 생각이다.
넷째, 잠취상暫取想이다.
'잠시만 쓰고 다시 돌려주면 되지.' 하는 생각이다.
다섯째, 친후의親厚意이다.
네 것, 내 것이라는 개념이 없는 것이다.

질문 '친후親厚'의 의미를 좀 더 자세히 설명해 주십시오.

답변 율학에는 일곱 가지 법이 있다. 자세히 설명해 드리면 아래와 같다.

첫째, 하기 어려운 일을 능히 하는 것이다.
둘째, 주기 어려운 것을 능히 주는 것이다.
셋째, 참기 어려운 것을 능히 참는 것이다.
넷째, 비밀스러운 일도 서로 알려 주는 것이다.
다섯째, 서로 보호해 주고 서로 숨겨 주는 것이다.
여섯째, 상대방 때문에 괴로움을 당해도 상대방을 버리지 않는 것이다.
일곱째, 상대방으로 인하여 가난하고 천해진다 해도 마음이 변치 않는 것이다.

'친후'란 이상 7법을 능히 행할 수 있는 것을 말한다.

약사여래에 관하여

✿　　　　　　　약사여래법문은 심히 광대해서 다 말하자
면 끝이 없다. 오늘 내가 약사여래법문을 해도 전체적으로 보면 얼
룩무늬 한 개 정도에 불과할 것이다.

세간법 유지에 도움이 된다

본래 불법은 출세간을 근본 지향점으로 하며 그 뜻이 높고 깊
어 일반 사람들이 이해하기가 쉽지 않다. 이와 달리 약사여래법문
은 비록 출세간과 극락왕생, 성불에 대해서 간간히 논하고 있기는
하지만 대부분 인간의 실제 생활과 관련된 세간법을 중요하게 다
루고 있다.

예를 들면 약사여래와 관련된 경전에서는 주로 "재난을 소멸

시킨다."거나 "고통을 벗어나 즐거움을 얻는다."거나 "복을 받고
장수하며 편안히 산다.", "뜻대로 성취한다.", "서로 침범하지 않고
풍요롭고 이익을 얻는다."와 같은 것들을 말하고 있다. 이로써 불
법은 가정이나 사회의 일상생활에 간혹 도움을 주거나 국가와 세
계의 안녕을 유지하는 데 도움을 준다는 것을 알 수 있다. 사람들
중에 불교가 소극적이고 염세적이며 인류의 삶에 도움이 안 된다
고 비판하는 경우가 있는데 약사여래법문을 공부한다면 그것이 오
해였음을 알게 될 것이다.

계율을 보조한다

불법은 계율을 근본으로 한다. 그 까닭에 불경에서 "만약 계율
을 청정하게 지키지 않으면 어떠한 공덕도 지을 수 없다."고 했다.
하지만 수계受戒는 쉽고 득계得戒는 어렵다. 계를 지키고, 계를 어
기지 않는 것은 진정 어려운 일이다. 만약 약사여래법문에서 말한
바와 같이 계율을 수지하고 힘써 실천한다면 최상의 원만한 계를
얻을 수 있을 것이다. 또한 계율을 범했다 하더라도 지극한 마음으
로 약사여래의 명호를 간절히 부르며 예로 공양하고 청정함을 유
지하면 더 이상 삼악도에 떨어지지 않을 것이다.

서방정토 극락왕생에 큰 도움을 준다

불법의 종파는 참으로 많지만 이 가운데 정토종이 가장 흥성하다. 지금 출가한 승려나 재가불자 가운데 정토종을 수지하며 서방정토 극락왕생을 구하는 사람들이 가장 많다. 만약 정토종을 닦는 사람 중에 약사여래법문까지 겸하여 닦는다면 또한 극락왕생에 큰 도움이 될 것이다. 『약사경』에서는 "만약 어떤 중생이 능히 팔관재계八關齋戒를 수지하고 약사여래의 명호를 들을 수 있다면 임종 시 여덟 분의 보살들이 나타나 서방정토로 인도할 것이다."고 말하고 있다. 이렇게 볼 때 약사여래는 비록 동방의 부처님이나 서방정토로 가는데 도움을 주시는 부처님이다.

아울러 정토종을 닦는 사람들이 능히 눈앞의 일체 고락을 놓은 채 원융무애圓融无碍할 수 있다면 진실로 훌륭하다 할 수 있다. 하지만 진실로 이것이 가능한 사람은 천만 명 중의 한둘도 안 된다. 우리들 같은 범부는 의, 식, 주와 관련된 곤란한 문제부터 전쟁과 재난 등으로 인한 위기까지 모든 일에서 자유로울 수 없다. 이러한 문제를 면하려면 반드시 약사여래법문에 의지하여 도움을 받아야 한다. 그래서 『약사경』에서 "재난을 제거하고 고통에서 벗어나 즐거움을 얻는다."는 등의 이득을 말하고 있는 것이다.

성불 시기를 앞당길 수 있다

『약사경』은 단순히 세간법만 말하고 있지 않다. 약사법문은 더 빠른 시간 안에 성불할 수 있도록 도와주는 법문이다. 경문에서 누차 "위없는 최고의 깨달음인 무상정등보리無上正等菩提를 얻는다."고 했던 말이 이것이다.

성불의 핵심은 비悲와 지智에의 원심願心이다. 『약사경』에서는 때 끼거나 탁한 마음이 생기지 않으며 분노나 남을 해하려는 마음이 없고 일체 유정有情에 대해 베푸는 마음과 평등의 마음이 일어난다고 했다. 여기서 때가 끼거나 탁한 마음이 없다는 것은 지혜를 의미한다. 분노나 남을 해하려는 마음이 없다는 것은 자비심이다. 기꺼이 나누어 준다는 것과 평등한 마음을 일으킨다는 것은 지심智心이다. 나머지는 모두 비심悲心에 속한다. 비심과 지심은 종자이자 원인이며, 보리는 열매이자 결과이다. 무릇 약사법문을 수지한 자는 위에서 말한 내용을 특히 더 중시해서 받들어 행해야 한다.

만일 한낱 현실 생활에 보탬이 되는 정도에만 관심을 가진 채 복록福祿에만 눈독을 들인다면 그런 사람들이 하는 행위는 출세간의 불법과 아무런 관련이 없는 것임을 알아야 한다. 이런 사람이라면 비록 계를 받았다 할지라도 득계에 이르지 못할 것이다. 혹시 이런 자가 서방정토에 태어난다 할지라도 또한 상품上品에 태어나지는 못할 것이다.

따라서 약사법문을 수지할 때에는 응당 위에서 말한 경문의 내용에 특별한 주의를 기울일 필요가 있다. 경문에 의지하여 '자비와 지혜의 큰 서원'을 세워야 한다. 만일 이렇게 한다면 출세의 정신으로 세간의 일을 추진할 수 있고 능히 상품에서 태어날 수 있을 것이며 더 빠른 시간 안에 성불할 수 있음은 의심의 여지가 없다.

사실 약사여래 법문은 심히 광대하며 위에서 거론한 것들은 내가 평소에 사람들에게 강론한 몇 가지에 불과하다. 훗날 시간이 난다면 전체 경문에 의거하여 비교적 완비된 형태의 저작물을 꾸밀 생각이다. 마지막으로 당부를 하나 하고자 한다. 부처의 명호를 부를 때는 언제나 경문에 의거하여 해야 한다. '나무약사유리광여래'를 불러야 하며 소재연수약사불消災延壽藥師佛[07]을 염하지 않아야 한다.

＊ 1939년 9월 5일 융춘 보제사 법문.

---

[07] 기복적으로 약사불 염불하는 모습을 경계하는 말로 재액을 소멸시키고 생명을 연장시키는 약사불이라는 뜻이다.

약사법문 의례에 대해

🏵   오늘 말하려고 하는 것은 내가 평소에 하는 약사여래에 대한 간단한 의례이다.

약사여래법문을 수지하고자 하는 사람은 마땅히 약사여래상을 모셔야 한다. 마침 상하이 불학서국에서 컬러로 인쇄한 약사여래상이 있으니 모시기 좋다. 보관 시에는 마땅히 유리 거울 안에 보관한다. 불상을 모실 때 침실 안에는 모시지 않는다. 부득이 침실에 모셔야 한다면 꼭 깨끗한 천으로 덮어 두어야 한다.

또한 『약사경』은 책상 위에 안치해야 한다. 독송하지 않을 때에는 깨끗한 천으로 덮어 두는 것이 좋다. 불상을 모시는 실내는 언제나 청결을 유지해야 한다. 매일 방바닥까지 깨끗이 닦고 자주 책상을 닦는다. 약사여래께 올리는 향은 상등의 향을 골라 쓰는 것이 좋다. 약사여래께 바치는 꽃은 꼭 충실하게 잘 핀 꽃을 골라서 올리며 만약 조금이라도 시들면 없애도록 한다. 화병의 물은 매일 갈아주어야 한다. 만약 신선한 생화를 구하지 못할 경우라면 종이꽃을 올려도 무방하다. 이 외에 정화수나 공양 음식 등은 각자 사정에 따라 하면 된다. 다만 음식을 올릴 경우 반드시 사람이 먹을 수 있는 것을 올린다. 덜 익은 과일이나 덜 익힌 채소는 올리면 안 된다. 이상의 공양물을 올릴 때에는 예불을 드리기 전에 미리 올리는 것이 좋다. 또한 공양물을 올리거나 예불을 올릴 때에는 먼저 손을 깨끗이 닦고 양치를 하는 것이 좋다. 이 외에도 깃발을 걸거나 등을 달면 더 좋겠지만 만일 상황이 여의치 않으면 없어도 괜찮다.

다음으로 약사여래를 모실 때 주의해야 할 의례를 크게 일곱 가지로 나누어 설명해 보겠다. 이 가운데 예경, 찬탄, 공양, 회향발원은 반드시 해야 한다. 독경, 부처님의 명호를 부르며 염불하기[持名], 주문외우기와 같은 것은 적절히 하면 된다.

예경禮敬

시방의 삼보전에 한 번만 절해도 되고 불법승 삼보 전에 삼배를 해도 무방하다. 이어서 본사 석가모니불께 1배 하고 약사유리광여래께 3배 한다. 절을 더 하고 싶다면 기타 여러 불보살님들께 같이 절해도 되며 횟수를 각자 상황에 따라 가감해도 무방하다.

예경 시 반드시 지성으로 공경해야 한다. 절대로 서두르면 안
된다. 설사 절의 횟수를 줄일망정 경망스럽게 하거나 경솔하게 해
서는 안 된다.

찬탄

예경을 마치면 부처님 앞에 무릎을 꿇고 합장한 채 게송을 읊
조린다. 내용은 다음과 같다.

귀명만월계歸命滿月界, 정묘유리존淨妙琉璃尊
법약구인천法藥救人天, 인중십이원因中十二願
자비홍서광慈悲弘誓廣, 원도제함생願度諸含生
아금신찬향我今申贊揚, 지심두면례志心頭面禮

위의 찬게贊偈는 『약사유리광여래소재제난염송의궤藥師琉璃
光如來消災除難念誦儀軌』에서 유래한다. 찬게는 느릿느릿하게 불러
야 하며 장중하게 해야 한다.

공양

찬탄을 마치면 다시 부처님 앞에 나아가 무릎 꿇고 합장한 채
공양게供養偈를 부른다. 내용은 다음과 같다.

원차향화운願此香花雲, 편만시방계遍滿十方界

일일제불토一一諸佛土, 무량향장엄無量香莊嚴

구족보살도具足菩薩道, 성취여래향成就如來香

공양이 끝나면 각자의 뜻에 맞게 참회문을 추가해도 좋고 없어도 무방하다.

송경誦經

경문을 독송할 때는 발음 하나도 틀려서는 안 된다. 마땅히 상세하게 고찰한 후에 해야 한다. 경을 독송하는 방법은 무릎을 꿇거나, 서서 하거나, 앉아서 또는 걸어 다니면서 등 어떤 모습이든 무방하다.

지명持名

먼저 찬게를 다음과 같이 부른다.

약사여래유리광藥師如來琉璃光, 염망장엄무등륜焰網莊嚴無等倫

무변행원리유정無邊行願利有情, 각수소구개불퇴各遂所求皆不退

이어서 '나무동방정유리세계약사유리광여래'를 부른다. 다음으로 약사유리광여래의 명호를 108회 염송한다. 더 많이 염송하고 싶으면 그렇게 해도 된다.

주문 외우기

경전의 음역 발음에 의거하여 마음을 모아 염송한다. 만약 별도로 산스크리트 원음으로 발음하고자 한다면 그것 또한 무방하다. 주문 전체를 108번 염송하는 것이 좋다. 혹은 먼저 전체 주문을 7번 소리 내어 염송한 후 이어서 108번 묵송하고 다시 7번을 염송하는 것도 괜찮다. 묵송을 할 때에는 '옴' 이하부터 묵송하면 된다. 밀종의 아사리를 전수받지 못한 자는 수인手印을 할 수 없다. 만일 수인을 하면 대죄를 받게 된다. 주문을 염송할 때에는 큰 소리를 내지 말고 오직 자신의 귀에 들릴 정도로만 하면 된다. 또한 주문을 염송할 때에는 앉아서 하는 것이 정식이다. 하지만 경우에 따라 걸으면서 해도 괜찮다.

회향발원

회향과 발원은 결국 같은 뜻이므로 회향 안에는 발원의 뜻도 포함되어 있다. 모름지기 먼저 공덕을 닦고 다시 이 공덕으로써 앞으로 어떠어떠하게 할 것이라는 발원을 하는 것이다. 그러나 회향할 만한 공덕을 쌓지 못했다면 회향은 못하고 다만 발원만 할 수 있을 뿐이다.

회향과 발원은 수행자가 해야 하는 가장 긴요한 일이다. 만약 회향을 하지 못한다면 앞에서 닦은 공덕은 돌아갈 곳이 없게 된다. 지금 약사여래법문을 수지하는 분들은 회향발원할 때 각자 자신의 뜻에 따라 발원하면 된다. 아니면 『약사경』에 나와 있는 것을 서원해도 된다. 응당 상세히 경문을 열독하고 스스로에게 맞는 것을 골라 취하면 된다.

이상에서 열거한 대로 매일 한 차례 혹은 두세 차례를 행한다. 의례를 행할 때 지극한 마음으로 간절하게 해야 한다. 인광 법사께서 말씀하신 바와 같이 1의 공경심을 내면 1의 이익을 얻을 것이며, 10의 공경심을 내면 10의 이익을 얻을 것이다. 우리가 약사여래법문을 수지함에 있어 마땅히 이 말씀의 의미를 되새기면서 스스로 복을 구해야 할 것이다.

* 1939년 5월 융춘 보제사 강연록.

탐욕과 질투에서 떠날 수 있는 자는
능히 마음 속 탐욕의 먹구름을 걷어낼 수 있느니,
마치 여러 별이 달의 주위를 도는 것과 같으리라.

『이취육바라밀다경理趣六波羅蜜多經』

세상에서 가장 귀한 것 중 정신만 한 것이 없다.
세상에서 가장 아낄 만한 것 중 시간만 한 것이 없다.

철오徹悟 선사

매사가 잘 풀려 득의양양한 상황에서도
장차 다가올 어려움을 미리 생각하는 자
과연 얼마나 있으리?

인광印光 법사

자세히 관찰하되 말은 적게 하라.
단정히 앉아 바르게 사유하라.
묵묵히 마음을 부드럽게 하라.
깨달음이 없으면 벙어리나 맹인과 다를 바 없으니,
내면의 지혜를 보배로 안고,
두타로 한가로움과 고요함을 즐기며,
시의적절한 수행으로 게으름을 떠날지어다.

도선道宣 율사

원망만 키우다 죽어 무덤으로 들어가니
평생 헛수고만 했도다.

『대보적경大寶積經』 부루나회富樓那會

그저 인간이 되고 싶었다

어떻게 사바세계의 고통을 형언할 수 있는가?
고통이 분분한 것이 고슴도치의 털과 같다.

서재西齋 선사

도를 배우려는 자가 매일같이 다른 사람을
점검하는 데 쏟던 공력을 스스로를 점검하는
데에 쓴다면 이루지 못할 도업道業이 없을 것이다.
기쁨과 성냄과 고요함과 시끄러움 등
이 모든 것들이 다 공부거리일 뿐이다.

대혜大慧 선사

이 어리석은 사람아,
분노와 원망하는 마음 때문에 자신도 고통에서
해탈할 수 없는데 어떻게 일체중생을 구할 수
있겠는가?

『화엄경華嚴經』「수자분修慈分」

일체중생을 대신하여 비방과 모욕과 받고
나쁜 일은 자신에게 향하게 하며
좋은 일은 다른 사람에게 준다.

『범망경梵網經』

겹겹의 산봉우리 위 초가집 한 채,
노승이 반 칸, 구름이 반 칸을 차지하였네.
간밤에 구름은 비바람 따라 떠났으니,
아무래도 구름은 노승만큼 한가하지 못한가 보네.

귀종 지암歸宗芝庵 선사

옮긴이의 글

계율의 딱딱함을
부드러움으로 녹여낸
홍일 대사

　　　　　　홍일 대사는 중국 근현대 4대 고승으로 칭
송받는 분이다. 그는 중국의 청나라 말, 민국 초라는 격랑의 시대
에 태어나 일본 유학까지 했던 지식인이었다. 귀국 후에는 대학 강
단에서 후학들을 지도하다가 운수납자의 길에 들어섰다.

　　홍일 대사는 불교에 입문한 후에는 철저하게 불교의 근본 가
르침을 따라 살았다. 그는 평생을 운수납자로 살면서 개인 재산을
가지지 않았고, 직책을 맡지 않았으며, 무소유의 삶을 실천하였다.
그래서 홍일 대사는 계율의 연구에 더욱 매진하여 중국 율종의 중
흥조가 되었다. 승단과 재가자를 막론하고 가는 곳마다 그에게 가
르침을 얻기를 구하는 사람들이 구름처럼 일어났다. 특히 홍일 대
사는 계율이 지닌 딱딱함을 부드러움으로, 그리고 불교를 알기 쉽

게 설명해 주는 탁월한 능력을 보여 주었다. 이는 홍일 대사의 철저한 수행을 바탕으로 한 개인적 체험을 불교의 가르침에 접목하여 구현해 냈기에 가능한 것이라 하겠다.

홍일 대사의 가르침은 오늘날 역자를 포함한 불교를 처음 접하는 초심자들에게 깨달음과 바른 구도의 길을 제시해 주고 있다. 또한 홍일은 태허太虛와 함께 근현대 중국불교를 부흥시키려는 노력을 했던 승려였다. 홍일과 태허는 함께 '삼보가'라는 찬불가를 만들기도 했는데 태허가 작사를, 홍일이 작곡을 했다. 이처럼 홍일은 문화 활동뿐만 아니라 수많은 예술 작품들을 통해 불교의 대중화를 이루었다.

이 책에서는 홍일 대사를 소개하는 것에 의미를 두었기에 평생의 업적을 모두 담지는 못하였다. 후에 인연이 닿으면 홍일의 모든 것을 담는 작업을 해 보겠다는 발원으로 아쉬움을 갈음하고자 한다. 그리고 내용을 꼼꼼히 살피고 지적해 주신 조환기님에게 감사드린다. 좋은 책으로 만들어 주신 불광출판사의 관계자 여러분들에게도 감사의 말을 드리고자 한다.

2014년 7월
역자 전영숙 합장

그저 인간이 되고 싶었다

2014년 9월 5일 초판 1쇄 발행

지은이 홍일 대사 • 옮긴이 전영숙
펴낸이 박상근(至弘) • 주간 류지호 • 편집 김선경, 양동민, 이기선, 이길호, 천은희
디자인 김효정 • 제작 김명환 • 홍보마케팅 허성국, 김대현, 박종욱, 한동우 • 관리 윤애경

펴낸 곳 불광출판 110-140 서울시 종로구 우정국로 45-13, 3층
        대표전화 02) 420-3200 편집부 02) 420-3300 팩시밀리 02) 420-3400
        출판등록 제1-183호(1979. 10. 10.)

ISBN 978-89-7479-068-4 03220

이 도서의 국립중앙도서관 출판시도서목록(CIP)은
서지정보유통지원시스템 홈페이지(http://seoji.nl.go.kr)와
국가자료공동목록시스템(http://www.nl.go.kr/kolisnet)에서 이용하실 수 있습니다.
(CIP제어번호: CIP2014025540)